はじめに。

これからコピーライターを目指す方。コピーライターとしてのキャリアを歩き始めたばかりの方へ。

新入社員時代、僕は完全にヘタレでした。自分のことをそうおっしゃる先輩方は多いですが、僕の場合は正真正銘、筋金入りのヘタレ社員でした。会社に行くのが嫌で嫌で、企画するのも嫌で嫌で、長い打ち合わせも嫌で嫌で、徹夜作業も嫌で嫌で。休日出勤なんてもう嫌で嫌で……。

憧れ続けて、やっとのことで手に入れたコピーライターという肩書きと、一方で辛くて重くてどこまでも地味な広告業界の現実とのギャップに、身も心もちぎれそうになりながら何年間かを過ごしていました。

風向きがちょっと変わったのは、三年目のとき。とても尊敬していた先輩のアートディレクターが、デザインルームのゴミ箱に捨ててあった僕のボツのコピー（しかもボディコピーです）を目にして、「こういうコピーを書く奴は大切にした方がいいぞ」

と、当時僕がよく組んで仕事をしていたデザイナーに語っていた……という話を聞いた時です（ややフクザツですが）。そのアートディレクターの真意はともかく、自分という存在が、初めて客観的に認められた気がした瞬間でした。その頃からちょっとずつ、食欲や睡眠欲や性欲以外の、つまり自分自身に対する欲が自分の中に芽生えました。

目の前の仕事に、目的を持って臨むようになりました。目的というのは、ただコピーを書く、ということだけではなく、あの営業部長を自分のコピーで笑わせてみようとか、誰よりもコピーをたくさん書いて毎回打ち合わせに出ようとか、このプレゼン作業中に、このクリエイティブディレクターの思考回路を徹底的に盗もうとか、あわよくば、自分のコピーをスローガンとして採用してもらおうとか、たとえばそういうことです。そうやって、自分で自分に課題を与えることで、単調な重労働に思えていた毎日の仕事が、すこしずつ意味を持ち始めました。

ただただ嫌で、逃げてばかりいたコピーライターの仕事が、いつの間にか、自分の人生のほとんどの部分を占めるようになっていました。

この本を手に取ってくださる方の中には、かつての僕のように、絶望の縁を覗き込むような思いで日々を過ごしていらっしゃる方もいれば、何言ってんの？　毎日超楽しいけど、という方もいらっしゃると思います。あなたが今、どんな状況と感情でこの本を読んでいるかはさておき、僕がこの本を通してお伝えしたいことはとてもシンプルです。

①　考えることは、楽しい。
②　楽しんでないと、楽しい言葉は生み出せない。
③　つまり、楽しめないといいコピーは書けない。

コピーを書くことを楽しめるかどうか。それは１００％自分次第なんだという当たり前のことに、僕は十年近くかかってようやく気がつきました。正確に言うと、楽しさは与えられるものではなく、自分でプロデュースするものなんだと気がつきました。誤解のないようにあえて書くのですが、それは、デスクに観葉植物を置きましょう。とか、毎日何か楽しいことを思い返して声に出して笑いましょう。とか、規則的な睡眠と正しい食事を。といった、いわゆる自己啓発的なこととはまったく違います。指示されたことを指示された通りに書くのではなく。クリエイティブディレクターやアートディレクターから言われたことをそのまま書くのではなく。自分なりの目的と動機をセットして、日常の仕事の中で自分を高めていく。この本には、この十年で僕が悪戦苦闘の末に生み出した、いくつかのヒントの種がまとめて収録されています。

僕はプロ野球観戦が趣味です(趣味が高じて、仕事でもお手伝いさせてもらっているほどです……)。毎シーズン、球場で観戦をしながらつくづく思うのですが、プロ野球選手ほど過酷な仕事もそうそうありません。キャンプインする二月から、勝ち続ければ十一月までほぼ毎日、ユニフォームを着てグラウンドに立ち続ける。雨が降っても試合があるかもしれないので、準備だけは万全を期さないといけない。調子が悪いと観客から容赦ないヤジを浴びせられる。チームによってはガラガラのスタンドを横目に黙々と野球をしなければならない。バッターの場合、一年間に打つヒットの数に十本の違いがあるだけで、年俸に数千万円の差が出てくることもあります。そんな様々なプレッシャーの中で、ファンをワクワクさせるようなプレーをし、さらにはチームを勝利に導かなければならない。しかも、選手としての寿命は極めて短い。僕は、今三十八歳ですが、同じ年の選手はほとんどがユニフォームを脱ぎ、残った選手ももはや大ベテランと呼ばれる存在です（僕なんかまだ「若手」と呼ばれることも多いのに……）。

これはあくまで推測なのですが、一流の選手はきっと、モチベーションの保ち方が一流なんだと思います。ただ漠然と打席に立ったり、自分の中に何のイメージもなくマウンドに登ったりするのではなく、自分なりの目標と目的を持って、ひとつひとつの勝負に向き合っているはずです。そこから学ぶことはできないか。僕はいつも、そんなことを考えながら試合を観戦しています。

十点差で負けている試合の終盤、あの選手はどう気持ちを張りつめさせて打席に立っているんだろう。九回裏、一点差、ノーアウト二、三塁。そんな絶体絶命のピンチで登板を命じられたリリーフ投手は、どんなイメージとモチベーションでマウンドに上がるんだろう。ボロボロにノックアウトされた先発ピッチャーは、次回の登板までの一週間でどう気持ちをリセットして試合に臨むんだろう。そうやって、彼らの気持ちの動きを想像しながら、僕自身の仕事への向き合い方を見つめ直したりしています。広告代理店から二十九歳で独立し、試行錯誤を重ねながらフリーランスのコピーライターとして仕事を続けている僕が、自分なりに高い意識を保てているのは、そういうことの積み重ねが案外、役に立っているのかもしれません。

この本は、そんな書き手としての自分の高め方をまとめた本です。コピーライターとして十五年間、進んだり後戻りしたりしながら積み上げてきた自分なりの「コピーライターの成長論」です。ここに書かれていることのすべてがものすごく役に立つ、なんてまったく思っていません。来年、この本を書くとしたら、まったく違ったことを言い出しているかもしれません。それでも、すこしでも、どなたかのお役に立てたらいいなと願っています。

広告コピーの筋力トレーニング　もくじ

第3章 考えることを習慣化する力をつけよう。

第4章 コピーの人格を育てよう。

第1章　コピーと向き合う基礎体力をつけよう。

コピーとは、一体なにか？

今日、この国に暮らしている以上、広告を目にすることなく生きていくのはほぼ不可能ですよね。電車に乗っても、雑誌を開いても、横断歩道を渡っても、スマホを眺めていても、カフェで友だちとお茶をしていても。僕たちの目の前に必ず飛び込んでくるもの。それが広告です。つまり僕たちは日夜、膨大な量の広告コピーを目の前に突きつけられながら毎日の生活を送っています。それなのに……変ですよね？　ほとんどの広告は、見た記憶さえ残らない。

朝起きてから、このページを開くまでに目にした中で、
一番印象に残った広告コピーはなんですか？

そう尋ねられて即答できる人は、そう多くないはずです。この本を手に取っている人（すなわち今この瞬間、この国で最も広告コピーに高い意識を持っている可能性の高

いあなた）でさえそうなのだから、いわんや普通の人をや、というワケです。

つまりここで、ひとつの仮説が立ち上がります。

「人は、ほとんどの広告を無視して生きている」

いきなりこんなこと書いちゃっていいのだろうか……？　でも、仕方がないですよね。本当のことなんですから。しかしこの事実は、ビジネスという文脈では決して起こってはいけないことです。なぜか？　理由は簡単です。その広告を出した人、つまり広告主（広告の世界では「クライアント」と呼ぶ人がほとんどなので、以下そう表記します）は、売り上げの中からやりくりをし、相当な額の広告費を捻出して、僕たち広告制作者に託します。待望の新商品を、すこしでも多くの人に買ってもらいたい。自分たちの会社のことを、もっと広く知ってもらいたい。そんな切なる期待や想いを込めて、クライアントは広告予算を僕たちに預けてくださるわけです（少なくとも僕はそう信じています）。それなのに、広告を実施した結果、ほとんどの人がスルーしちゃいました。誰も覚えてくれませんでした。なんてこと、根本的に許されるわけがない。そう考えると、僕らが担うべき役割は極めてシンプルにまとめることができます。

「人の記憶にとどまる広告コピーを生み出すこと」
「人が無視できないほど、力強い言葉を世の中に提示すること」

僕の職業はコピーライターです（今さらですが）。新聞広告やポスターのコピー、企業のスローガン、そしてテレビCMの企画を仕事にしています。にもかかわらず、普段生活していても、ほとんどの広告を無視していることは否めません。見ているテレビ番組がCMに入ると、まったく無自覚にキッチンへお茶を汲みにいきますし、PCやスマホのバナー広告なんて、クリックした記憶さえほとんどありません。けしからん！　だって、しょうがないじゃん。面白くないんだもん……そうなんですよね。世の中にあふれる大半の広告が無視されてしまう原因は、世の中の人にあるんじゃない。広告の、とくに言葉のつくり手側に問題があると思えてなりません。

結局、広告コピーって何なんでしょうか？　僕は普段、広告の講義などではこう定義してお話をさせてもらっています。

広告コピーとは、人を振り向かせるための武器だ。

広告において一番メインを張るコピーのことを、キャッチコピーと呼びます。「キャッチ」というからには、何かを「掴む」ことを要求されます。何を掴むのか？　それは、広告を目にした人のココロです。ウマいかヘタかより、人のココロをキャッチする言葉を書くこと。それが、コピーライターに課された一番重要なミッションであると自分なりに考えています。

コピーに対する自分のスタンスを自覚する。

まだ駆け出しのコピーライターだった頃、先輩アートディレクターからよくこんなふうに頼まれました。

「このビジュアルにさ、なんかいい感じのコピーつけてよ」

声を掛けていただける嬉しさはひとしおだったのですが、いつも、強烈な違和感に苛まれていました。いい感じのコピーって、なんだろう？　そもそもコピーって、ビジュアルを引き立てる添え物なのか？　そんなパセリみたいな言葉を書くことが、僕たちの仕事なのだろうか……。

広告の真ん中で仕事する言葉を書け。これは僕が自分自身に課しているテーマです。規模の大きなキャンペーンであれ、小さな店頭ＰＯＰであれ、このスタンスは崩さずに書くようにしています。

よく言われるように、広告は今、デザイン主導の時代かもしれません。優れたアートディレクションで、骨太な世界をつくりあげるキャンペーンは、ブランドそのものを力強く見せることができるし、多くの人を惹き付けます。たしかに、コピーがなくても強いメッセージを人々に伝えることができるのかもしれない。

「このビジュアルだったら、コピーは必要ないかもですよね」

打ち合わせで、そんな話が出ることもあります。たしかに、そういうケースもあるかもしれない。それでも僕は、言葉がちゃんと仕事をすることが大切だと思っています。ビジュアルの説明文としてのコピーにとどまらず、太くて大きな「矢印」となって、人々の意識をひとつの方向に導くような言葉。僕の理想とするコピーは、そんなイメージです。

「絵解き」という言葉を僕たちはよく口にします。文字通り、絵＝ビジュアルを解説するという言葉のアプローチです。絵解きコピーは一瞬、広告の理解を深めるように見える。けれど、じつは逆なんですよね。言葉で解説してしまうと、ビジュアルはその言葉の中で意味を限定されてしまう。つまり、見る人の解釈の幅を狭めてしまうと思うんです（このあたりのことは、五章で詳しくお話しします）。

僕がコピーを書く時は、基本的にビジュアルのことは一切気にしません。ビジュアルに引っ張られるのではなく、ビジュアルを引っ張る意識で書く。すると、絵と言葉が対等の力でお互いを刺激し合って、広告そのものがさらに大きな力を持つ。これまで、いくつかの仕事で、僕はそれに近い感覚を味わうことができました。その感覚が、自分の書き手としてのスタンスを定めてくれたような気がします。

「なるべく真ん中で、なるべく大きな言葉を」。

これが、コピーライターとしての僕の基本スタンスです。

好きなコピーを知る。嫌いなコピーを知る。

そうだ　京都、いこう。

NO MUSIC, NO LIFE.

愛に雪、恋を白。

大学時代、僕が広告業界を目指していた頃に出会い、いまだに憧れ続けているコピーです。いつの日か、時代を超えて語り継がれていくような、骨太で、すたれなくて、カッコいいコピーが書きたい！　それが、ひとりのコピーライターとしての切なる願いでもあります。

今日、巷には広告コピーがあふれています。それは本当にもう、膨大な数です。街にあふれるそのすべてのコピーは、貴重な教科書になる。僕はそう考えています。

・時代そのものを動かすような、強くて太いコピー
・とても繊細で、じわじわと染みてくるコピー
・してやられた！　と唸ってしまうコピー
・練りに練られているんだけど、どうもピンとこないコピー
・自己満足で全然共感できないコピー
・なんかムカつくコピー
・ムカつくんだけど、妙に記憶に残ってしまうコピー
・ウマいダジャレ
・ヘタなダジャレ
・どう見てもパクリ
・ハッとさせられる発見のあるコピー

そうやっていろんなコピーを眺めているうち、ある日気づいたことがあります。それは、どのコピーを見ても無意識のうちに必ず「好き」か「嫌い」かに分類していると

いうことです。

それはプロだからということではなく、誰にでもなんとなく共通する感覚なんじゃないかと思うんです。この感覚を研ぎ澄ますことって、じつはとても大切かもしれない。なぜなら、広告はそもそもまったく無関係な人々に突然ぶつけるメッセージです。直感的に、好ましい感情を抱いてもらわないことには、見る人の懐に飛び込むことなんてできませんよね。

今日、ただ街を歩いているだけで、無数の広告コピーがあなたの目の前に飛び込んできます。そのコピーを目にした瞬間、「好き」と感じたか？　「嫌い」と感じたか？　あるいは、何の感情も動かされなかったか？　そして、その理由について瞬間的に考えてみる。それを繰り返すだけでも、コピーを生み出す筋細胞はどんどん活性化されていくはずです。

毎日の生活の中でできる、言葉に対する自分の好みを知るためのトレーニング。自分の感覚が、どういう言葉で跳ね上がるかを理解することができれば、「書くことが辛い」と感じることも、少なくなるかもしれません。

コピーの基本は、「何を言うか？」と「どう言うか？」

週明けの打ち合わせまでに、コピーを書くことになった。気合いを入れて、近所のカフェに籠る。カフェラテを注文して、さあ、書くぞ！　……と始めたものの、すでに一時間半経過。目の前のノートは真っ白。頭の中は空っぽ。気づいたら、Ｆａｃｅｂｏｏｋを覗いては、友だちのリア充な週末に恨みを込めた「いいね！」を押しまくっている……そんな経験は、誰にでもあると思います（たぶん）。こんなに一所懸命考えているのに、どうしてなんにも頭に浮かばないんだろう。僕はやっぱりこの仕事に向いてないいんじゃないか。そうやって頭を抱える週末の午後、ふとあることに気づくのです。

「あれ、俺って今、何を考えてる最中なんだっけ……？」

コピーに限らず、すべての企画作業において、思考のプロセスは極めてシンプルな二つの段階に分けられます。

「何を言うか?」と「どう言うか?」

広告の世界の人は英語で「What to say?」「How to say?」なんて言い方をよくしますね。自分が今向き合っている商品の、「何」を魅力として切り出すか? そしてそれを、「どんな」言葉で言い表すか? というのがコピーのすべてであり、コピーを生むための思考のステップです。

まずは商品とじっくり向き合い、何のフィルターもかけることなく、ひとりの市民として率直に感じたことを思いつくまま書き出してみる。それが、自分と商品との自然な距離感ですよね? その上で、オリエンテーションで聞いた話や、スタッフ間で共有された商品の情報や状況を自分に丁寧に情報入力する。これがプロとしての作業です。それらをゆっくりと、自分の中で熟成させながら、商品が魅力的に伝わるポイントを見つけ出していく。それが「何を言うか?」のステップです。

ポイントを見つけ出したからと言って、強いコピーができ上がるかというと、残念ながらそんなことはありません。見つけ出したそのポイントを、どうやって言葉にすれば、より多くの人の心の深い部分に刺激を与えることができるのか。それが「どう言うか?」のプロセスです。驚かせるのか。笑わせるのか。説明するのか。泣かせるのか。脅すのか。頼み込むのか。ほっこりさせるのか。ザワザワさせるのか。ひとつのポイントを言葉にするにしても、そのアプローチは千差万別。その手段を探るのが「どう言うか?」という作業と言えると思います。

自分が今、どちらのステージにいて、どんなふうに頭を働かせているか。それをしっかり自覚するだけで、発見の精度がぐっと高まり、同時に言葉を磨くことにも、高い意識で臨めるようになるはずです。

量にこだわって、コピーを「あきらめない」体質に。

「明日までに100本書いてこい！　なんて言われちゃってさぁ…」。これ、若手駆け出しコピーライター武勇伝の二ページ目ぐらいに出てきそうなほど、よく語られるエピソードですよね。これは実際、よくある話だと思われますし、僕の場合はあろうことか、一時期のノルマが毎日300本でした。

300本！　……あぁ、あの頃の僕は一体、どうしてたんでしょう……よっぽどひどいトラウマなのか、当時のことを思い出そうとしても、うまく思い返すことができません。ひたすら数を稼ぐために、「てにをは」や「ですます」の違いで本数を増やしたり、ひらがなを漢字に変えるだけで「違うコピーです！」と言い張っては本数を増やして、なんとか打ち合わせに間に合わせていた記憶があります。

それ、ムダじゃん。って今、思いました？　そうなんです、思い返すと本当にムダな作業だったなと思うんです。でもその反面、そのムダな作業が今の自分をつくってくれているという確信もあるから不思議なんですよね。

少なくとも今、僕が日常的にコピーを書いていて、コピーがまったく書けないという状態に陥ることは、ほとんどありません。他の切り口ないかな、と打ち合わせ中に突然言われて、頭がフリーズしてしまうこともないんです。これは、当時の壮絶なトレーニングの賜物だと信じています。

どんな商品でも、どんな状況でも、何が起こっても、書ける。とりあえず、今時点での考えや理解を言葉で表現することができる。そんな言葉を書くための筋力をつけてくれたのが、若手の頃の３００本トレーニングだと断言できます。

もうひとつ、量を書く理由として大切なことがあります。それは、ちょっと考えてすぐに出てくるような発見は、他の人でも簡単に思いつける、ということです。僕も含めたすべてのコピーライターは、ある程度の「思い込み」の中でコピーを書いていると思います。この商品の魅力は、だいたいこんなところだろう。となると、だいたいこのあたりがコピーとしての落としどころだろう。これが、コピーライターとしての最大の落とし穴であるような気がしています。

僕たちの仕事は、そんな思い込みの「先にある言葉」を要求されて依頼される仕事です。もっと生々しく言うと、誰もが思いつくような言葉しか書けないコピーライターだったら、わざわざお金を払って仕事を頼もうとは思わないですよね？　自分で書いた方が、早いし、お金もかからないわけですから。

量を書くという行為は、自分に依頼してくれた人の想像を超えた言葉を生み出すための、最低限の作法とも言えるのではないでしょうか。実際、考えに考え抜いて、いよいよもう無理だ……と思った途端にポロッと口をついて出たその言葉に、クリエイティブディレクターやアートディレクターが「いい！」と言ってくれた。そんな経験が僕には何度もあります。僕が在籍していた博報堂の当時の局長は、量を書く作業を「膿を出す」と表現していらっしゃいました。なんだか汚い……けど絶妙です。僕の言わんとしている感覚も、まさにそれに近い部分のことです。

コピーライター講座で、年に数回講師をやらせていただくのですが、受講生の方からよくこんなことを言われます。「量をたくさん書いたのだから、それを全部見てほしい」「今回の課題に対しては、何本書けばいいですか？」この考え方は、ちょっと違うと思います。

先ほどから書いているように、量を書く作業は、とてもとても大切です。しかし、そのプロセスを評価されるために量を書くのは間違っています。

自分しか到達できない一本のコピーにたどり着くために、とにかく量を書く。

これが「量を書く」ことの唯一の目的にして理由である。

そう考えながら原稿用紙に向かうと、書くことの苦しみが、また違った意味合いを持ってくるかもしれません。

打たずに書いて、身体に叩き込む。

僕が博報堂で在籍していたチームは、究極の手書き文化でした。コピーライターは打ち合わせのたび、Ａ４の原稿用紙に太いサインペンでデッカくコピーを書き、紙芝居のようにそれを次々に繰り出しながら発表します。いわば、人力パワーポイントです。何やら儀式めいたそのやり方に、最初はとても戸惑ったのですが、そこからたくさんのことを学びました。中でも自分のコピーワークに大きな影響を及ぼしたのが、手書きする、ということでした。

コピーとは簡単にいうと「言葉を用いた発見」です。発見って、とても身体的な行為だと僕は考えています。ほら、映画やドラマでも、偉人が偉大な発見をする時って、頭をかきむしったり、大きな身振りで思考を体現したりしますよね。バック・トゥ・ザ・フューチャーのドクのように。あるいは、お風呂に入っていて突然スゴイことを思いついてしまったアルキメデスのように。コピーを「書く」という行為も、そちら側に属する身体的な行為ではないかと考えています。ペン先の感触を確かめながら、一字一句を自分の手で刻む。そんな身体的なプロセスを経て、自分の頭の中にあるアイデアをコピーというカタチに成型していく。それが、コピーライターの仕事であると僕は信じています。もちろん、最終的にはＰＣに向かい、言葉を丁寧に仕上げなければなりません。しかし、発見を言葉にするという一番大切なプロセスは、紙とペンを相棒に、しっかりと「書く」ことから始めてみることを強くおすすめします。

もうひとつ、ＰＣを使わない企画作業をおすすめする理由。それは、集中力の深さです。つまるところＰＣって、誘惑が多すぎませんか？　いくらドップリ集中していても、メール着信のお知らせが来ればそれを開いてしまうし、気づくといつの間にかネットやＳＮＳを見てしまうのは僕だけでしょうか？　（違いますよね、きっと）。そうなんです。人間は弱い。僕らの周りには、集中力をかき乱すものがあふれ返っています。よし、今から集中しよう！　と思っても、Ｗｉ－Ｆｉが飛んでいようものなら、たちまちメールの返信とネットサーフィンを始めてしまう……。だからこそ、紙とペン！　自分自身と静かに向き合いながら、自分の筆跡で、自分だけの発見を言葉にしていきましょう。

言葉を生み出す「筋力」をつけよう。

遅ればせながら……ですが、この本のタイトルは「広告コピーの筋力トレーニング」です。このタイトルには、僕なりのこだわりがあります。じつは僕、自分の感性とかセンスとか、ヒラメキみたいなものにまったく期待をしていません。つまり、自分の内側にあるものでコピーを書かないようにしているんです。

なぜか？　それは、積極的なあきらめからなんです。自分の持っている知識や感性の深さなんて、世の中にあふれる無数の情報や様々なドラマのうちの、ほんの0・01％ぐらいなもの。いやいや、もっと少ないはずです。自分が担当する商品においても完全にそう。僕よりもクライアントの担当者の方が、何万倍もの知識と、物語と、愛情を抱いているはずです。

僕たちの仕事は、彼らの想いをしっかり受け止め、彼らが想像もしなかった発見で、世の中へ鮮やかに商品を打ち出すことです。そのために必要なのは、深くて広い言葉の貯水池（つまりボキャブラリー）と、スピーディーに、かつ安定的に、良質な言葉を供給できる、ポンプのように強靱な筋力であると考えているんです。

もうちょっと、噛み砕いてお話をしてみますね。僕、クリエイターという言葉が大嫌いなんです。何と言うか、その鼻持ちならない、危うい感じがたまらなくダメです。その言葉に甘んじてる人もなんか苦手です。……言い過ぎました、ごめんなさい。何が言いたいかというと、広告の仕事において「クリエイター」という言葉が一番ふさわしいのは、何と言っても商品を次々と生み出す開発担当者です。僕たちは大切なその商品をお預かりして、存在感たっぷりに商品を世の中へ打ち出していく、仕上げの職人に近い存在なんだと思うんです。

職人。そうですよね。今、書いていてかなりしっくり来ました。僕たちは職人です。職人に必要なのは、繊細や指先と豊富な経験、それに、安定してモノをつくり続けるための「胆力」とか「筋力」といった頭の身体能力です。

言葉に対しての、しなやかで強靱な筋力を培い、育てていく。この本が目指すのはそういうことです。独自の発想法とか、アイデアへの近道なんかは一切書かれていません。ここまで読んで「なーんだ」と思った方、ごめんなさい！　でもね、十五年ほどこの仕事をしてきて、ひとつ強烈に確信したこと。

近道は、ない。

十年近く前、ベネッセ「進研ゼミ高校講座」のお仕事で、まったく同じ言葉をキャッチコピーとして書いたことがあるのですが、まさに今の自分の想いとピッタリ重なるんです。「いいコピーを書くのに、近道はない」。いいコピーを書く人ほど、呆れるほど愚直に、泥臭く、書き続けています。尊敬すべき先輩たちを見ていてもそう感じます。だから先輩たちは、今なお成長し続けていらっしゃるようにも見える。そろそろ居場所を譲ってほしいぐらいなのですが……譲ってくれないなら、自分がそこに早くたどり着くしかない！

磨き抜かれた豊かな筋肉で、太くて強い言葉を書く！　それが究極の目標です。悩めるコピーライターの皆さん、これからコピーライターを目指す皆さん、僕と一緒に、言葉のインナーマッスルを鍛えてみませんか？

ドリル

自分が「目標にしたいコピー」を10本書き出してみよう。
そのコピーのどこが心に響くのか？
言葉に書いて分析してみよう。

第2章　経験を言葉に変える筋力をつけよう。

知らないことを書ける人なんていない。

あれはたしか、入社二年目のことです。ある仕事で、パリの街を彷徨う男の物語を、短編仕立てのボディコピーとして書くことになりました。ほぼ初めて自分ひとりで任された仕事です。ここで結果を出すしかない！　意気揚々と原稿用紙に向かったものの……全然書けない。当たり前です。当時の僕は、パリはおろか、日本を出た経験すら、卒業旅行で訪れたタイぐらいなものだったのですから。

それでも「書けない」とは言えません。ネットや旅行雑誌をほじくり返してなんとか書き上げたのですが、その原稿に目を通したクリエイティブディレクターから、十秒で言われた言葉。それは……

「お前さ、パリ、なんも知らねえだろ」

あぁ、知らねえよ！　そもそもこっちはノンキに海外旅行できるほどの休みもらってねえんだよ！　このバブル世代が！　という言葉がノドの奥まで出かかったのですが、ちょっと頭を冷やしてみると、このクリエイティブディレクターのダメ出しに反論できるものなんて、僕、何ひとつ持ってなかったんですよね……。

パリについてまるで無知な僕がコピーを書く↓それがそのまま、原稿になって掲載されてしまう↓世の中の人がそれを読む。なんだこの幼稚でお粗末な原稿は……↓その矛先は僕ではなく、クライアントに行ってしまう！

その仕事は、あるクルマのキャンペーンでした。つまり、当時の僕より、知識も教養も経験も、そしてお金もはるかに持っている人たちを相手にする広告だったということ。僕に突きつけられたのは、センセーショナルでありながらごくごく当たり前の事実でした。

そうか、人間って、知ってることしか書けないんだ……。

知ってることだけで書くことで生まれた、千葉ロッテマリーンズ「挑発ポスター」

決して多くはない僕の成功体験の中で、この章でのお話が一番ピッタリ当てはまる仕事があります。それが千葉ロッテマリーンズの仕事。千葉県出身の僕は、球団が川崎から千葉へ移転してきた一九九二年から千葉ロッテのファンで、好きな気持ちが高じて、大学時代は千葉マリンスタジアムで切符のもぎりのバイトをするほどでした。その間、チームは日本記録となる十八連敗を喫したり、Ｂクラスに安住し続けたり。ファンであり続けることが苦行に近いと言っても過言ではないチーム状況だったのですが、どういうわけか、ずっと親しみを抱き続けていました。

二〇〇五年シーズン開幕時のこと。なんと、千葉ロッテの競合プレゼンに参加しないかという話が、僕に巡ってきました。これは、やるしかない！　かつてないほどの意気込みで原稿用紙に向かうものの、なかなか「これだ！」と言えるアイデアを掘り出すことはできません。時間ばかりが過ぎ、経験のない胃の痛みに襲われる中でふと気づいたんです。これって、コピーライターとしてじゃなく、ファンとして書いた方がうまく行くんじゃないの？

二〇〇五年当時、プロ野球界は、大阪近鉄バファローズ消滅に端を発する、いわゆる「球団再編問題」に揺れていました。長く状況を見守り続けてきたプロ野球ファンとして、球界全体に物申したいことはたくさんありました。その中でも、「不人気球団の象徴＝千葉ロッテ」というお決まりの「常識」みたいな空気に、一石を投じたいという想いが強くありました。

それともうひとつ、ほとんどの人は気づいていないけれど、弱い弱いと言われ続けていた千葉ロッテが、若手選手の台頭により、急激に強くなり始めているという事実を知らしめたいということ。この両方を何とかするには、「コピー」と言うより「主張」のような言葉が必要かもしれない。発想を、考えをそう切り替えてみたんです。

開幕戦の相手は、新規参入球団の東北楽天ゴールデンイーグルス。まだ一試合も戦っていないのに、当時はチャンピオンチームのような、桁外れの期待と注目を集めていました。気に入らないな、この状況…。

僕は毎晩、苦々しい想いでスポーツニュースを眺めていました。開幕戦当日。楽天の勝利を祈って、千葉マリンスタジアムへ押し寄せてくる人々に冷や水を浴びせるような、そんな空気を読まないポスターはできないだろうか……。

奇しくもその直前、ロサンゼルスで別の仕事の撮影がありました。半日だけの自由時間を利用して、憧れのＮＢＡ観戦に出かけました。間近で見る本物のプレーも然ることながら、地元ファンがお手製のプラカードを手に、相手チームを清々しく野次る応援スタイルがとても印象的でした。自分のチームを愛するがゆえに生まれた、相手チームに対するヤンチャな野次。子どもも、おじいちゃんも、一所懸命にプラカードを振る姿がとても可愛らしく見えました。その時の記憶がふと頭をよぎったんです。

楽天をコピーで挑発するのはどうだろう……。

そんなアイデアから生まれたのが、後に「挑発ポスター」と呼ばれる、千葉ロッテのポスター広告シリーズです。それまで、プロ野球のポスターと言えば、まず選手の写真がドカンとあって、意気込みを語る「それっぽい」コピーが入って、試合日程が告知されている、というものがほとんどでした。

千葉ロッテの場合は、まずコピーを中心に据える。そのコピーで、相手チームの泣き所を徹底的に突く。それも、相手に決定的な不快感を与えない程度に(他球団のファンの方、もし心底腹を立てていたらごめんなさい……)。その視点や温度感は、自分がファンの目線で書いているからこそリアリティがしっかりと宿っているし、ファンとしての自分の温度は決して変わることがないから、ブレずに一定の人格でポスターの語り口をキープできている。そう思うんです。

ちなみに僕の予期した通り、二〇〇五年、眠っていたチームの才能が一気に開花し、千葉ロッテは、なんと三十一年ぶりの日本一に輝きました。その起爆剤として、挑発ポスターはとても高い評価をいただきましたし、大きな反響を呼ぶこともできました。ファンとしての姿勢は決して崩さぬまま、ポスター制作のお仕事は断続的にお手伝いさせていただいています。

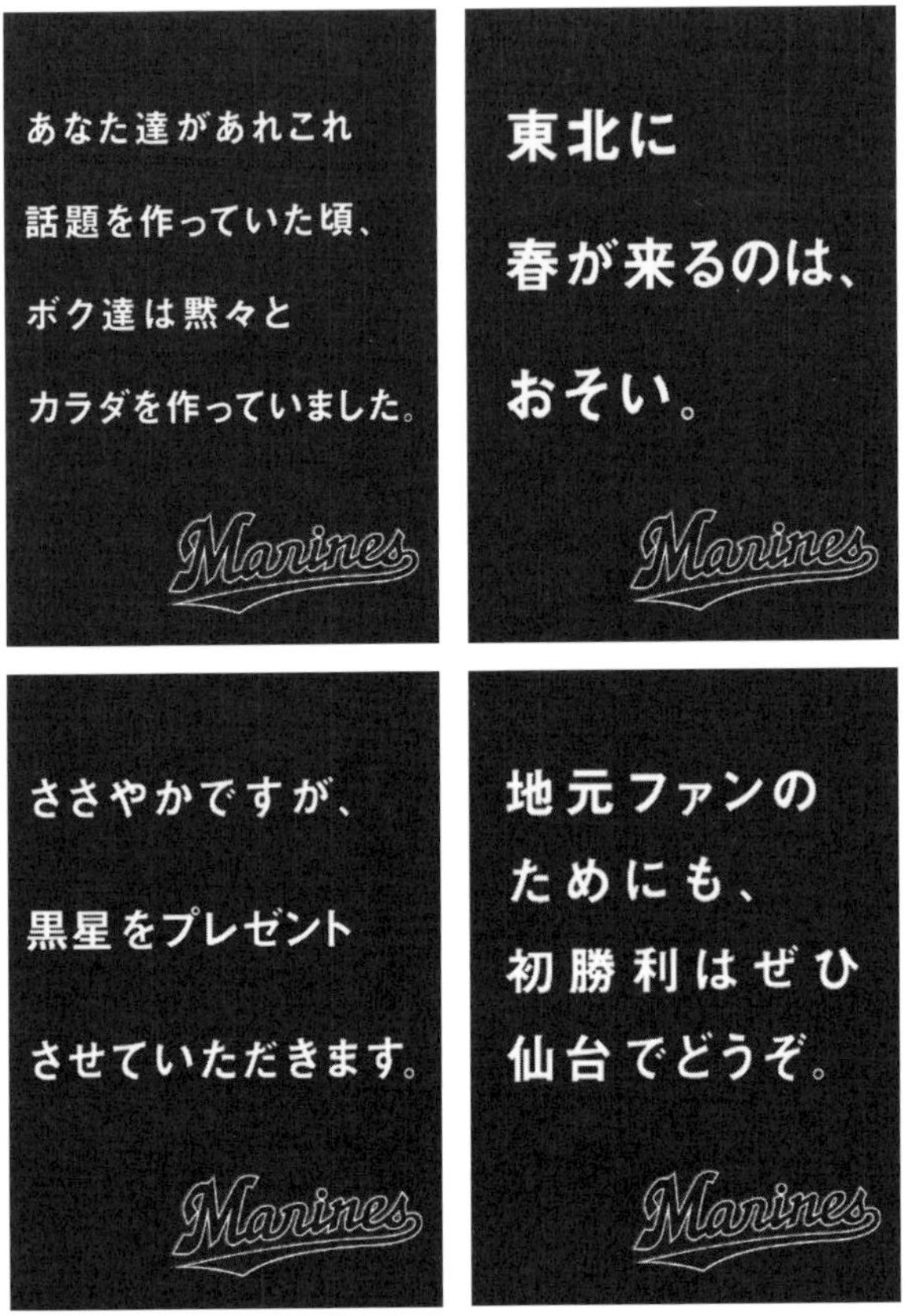
あなた達があれこれ
話題を作っていた頃、
ボク達は黙々と
カラダを作っていました。
Marines
東北に
春が来るのは、
おそい。
Marines
ささやかですが、
黒星をプレゼント
させていただきます。
Marines
地元ファンの
ためにも、
初勝利はぜひ
仙台でどうぞ。
Marines

千葉ロッテマリーンズ／
2005年開幕シリーズポスター（2005年）

開幕戦の相手、東北楽天ゴールデンイーグルスに集まる注目を、一気に千葉ロッテの側へ引っ張り込むことを狙って、コピーはどこまでも挑戦的に。相手を煽るスタイルのメッセージポスターは以後、千葉ロッテ名物「挑発ポスター」として広く知られることとなってゆく。

千葉ロッテマリーンズ／
2011年開幕シリーズポスター（2011年）

余震の不安が残る中で行われることになった千葉での開幕戦。奇しくも、千葉ロッテと東北楽天は甚大な被害を受けた本拠地のチーム同士。「ともに戦う」をテーマに、シーズン開幕に向けた選手たちの想いを代弁するポスターを、ボランティアで制作した。

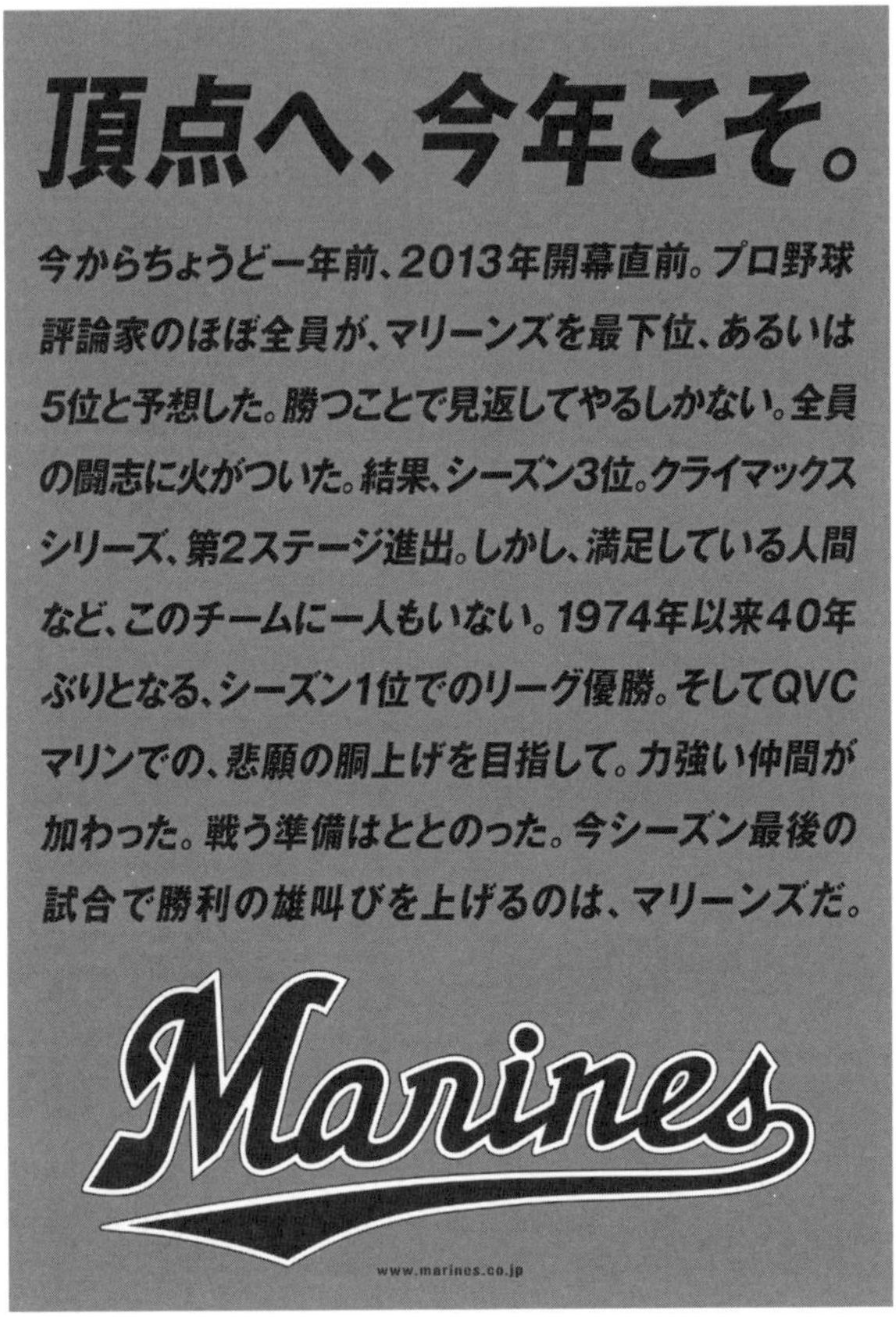

千葉ロッテマリーンズ／
2014年シーズン開幕ポスター（2014年）

前シーズンは3位。かつてない補強も行い、近年になく高い期待が集まる中での開幕。もはや千葉ロッテのシンボルともなった、ライトスタンドのマリーンズサポーターへ向けた檄文というかたちで、長いシーズンを戦い抜く覚悟を力強く宣言した。

千葉ロッテマリーンズ／
2014年セパ交流戦ポスター（2014年）

千葉ロッテの人気キャラクター「マーくん」が、セ・リーグの各球団を無邪気にかわいく煽り立てる、挑発ポスターの新機軸。スポーツ紙などで取り上げられた場合の見え方を意識して、「惨劇の巨人」などのキーワードを意識的に開発した。

クライアントから見たコピーの話①

千葉ロッテマリーンズ
川島正和さん

このポスターは、球団とファンをつないでくれる存在になっています。一九九二年に本拠地を移転してからファンの方がすこしずつつくりあげてきてくれた千葉ロッテマリーンズのブランドを、一連のポスターが高めてくれました。

二〇〇五年のシーズン開幕時に初めて「挑発ポスター」をつくったのですが、前年度に起きたストや球界再編問題のさなかで生まれた新しい球団・東北楽天ゴールデンイーグルスにどうしても世間の話題は集中していました。それが、このポスターによって風向きが変わった。初戦の対戦相手である我々がホームチームにもかかわらず注目を集めていない状況を逆手にとって、「あえて主役を迎え撃つ敵役に徹しましょう」という潤平さんの提案で、球団の立ち位置、ポリシーが定まったんです。

この開幕カードで楽天を二十六対〇という記録的な得点差で破り、そのシーズンは最終的に日本一にまでなりました。絵に描いたようなストーリーのきっかけとなったコピー。これ以降、球団のプロモーションの表現の幅も広がりましたし、ひとつのスタンスもできあがりました。こ

ういった強いコピーを中心に据えた広告は千葉ロッテの専売特許となり、「挑発」も千葉ロッテだから許されるという目で見てもらっています。

長く続いている理由は、潤平さんがそのときどきの最新のチーム事情を完全に理解した上で提案してくれているからだと思います。単に挑発ポスターというフレームのなかでコピーの字面を変えるだけでは続かないでしょう。「今だったらここをクローズアップしましょう」「今回は挑発ではなく、チームを鼓舞するメッセージがいいのでは?」と空気を読みながら考えてくれるので、毎回フレッシュな案が出てくるのだと思います。

東日本大震災後のポスターは、潤平さんから提案をもらってやることになったと記憶しています。どちらかといえばどこも広告露出は押さえている時期に、メッセージを出しましょう、と。このときも初戦は楽天で、駅に掲出されたポスターを、ファンの方も、一般の方も立ち止まって見てくれていたのをよく覚えています。

ファンの想いに寄り添ったコピーでありながらも、同時に、非常に俯瞰した立場でつくられていることも大きい。球団のチーム運営・ブランディング的な見地も持った上で、最終的にファン目線のコピーに落とし込んでくれるので安心します。デザインなど、見せ方が違うパターンをいくつか用意してくれる場合もあるのですが、コアなところは外さない。複数案あると、我々もそこからまた考えを膨らませたり深掘りできたりするのでありがたいです。

経験フェチのススメ。

僕は経験フェチです。いや、別に変な意味で言っているのではありません。自分が見たことないモノや、味わったことのないモノをなるべく経験するようにしているということです。

ドリアンは臭い。これ、一般論としては知っている。けれど、本当にその強烈で香しいあの刺激臭を実際に自分は嗅いだことがあるのか？　遠距離恋愛は切ない。これも、一般論では知っている。けれど、身もだえるような遠距離恋愛を経験したことは本当にあるのか？　海外を一人旅した時の心細さは？　大好きなバンドのライブでもみくちゃになりながら踊っている時の高揚感は？　繁華街で怖い人に絡まれた時の縮み上がるような恐怖は？　気球に乗って地上を見下ろした時の爽快感は？　恋人の二股相手と鉢合わせした時の混乱は？　一本数万円するワインの味わいは？　バンジージャンプの恐ろしさは？（このすべてを、僕が経験しているワケではありません。念のため！）

どんなに優秀なコピーライターでも、基本的には自分の知っていることや経験してきたことしか書けません。しかし、世の中の出来事すべてを経験するのも無理な話ですよね。それでも、あらゆる経験を重ねるうちに、たとえば自分が体験したことのない事象について書かなければならないときも、自分の過去の記憶からそれに近しい経験を引っ張りだし、重ね合わせて書くことができるようになるのです。だとしたら、経験の幅を広げることとは、自分が書けることの幅の広がりに直結するということになりますよね。

須田亜香里に学べ！

先日、人気アイドルグループＳＫＥ48さんとナガシマスパーランドのＣＭを制作しました。テーマは、「ジャンボ海水プール」。絶叫マシンのラインナップでその名を全国に轟かせているナガシマスパーランドだけあって、プールも絶叫系のアトラクションで埋め尽くされています。毎年大勢の方が日本中から訪れる、人気のプールでもあります。そのスケール感を表現するために、ＳＫＥ48のメンバーたちに実際のアトラクションを体験してもらい、絶叫の大きさを勝負する「絶叫選手権」という企画を考えました。

このプールには、絶叫マシン好きの人でも尻込みしてしまうほどのアトラクションがあります。その名も「フリーフォールスライダー」。僕も実際にトライしてみたのですが、「滑る」というより「落下」です。これ、大丈夫だろうか……。

不安は的中。いつもは度胸満点のメンバーたちさえ、下から見上げただけでドン引き状態です。撮影に暗雲が立ち込め始めました。そんな中、ひとりだけ笑顔でホイホイと階段を上がっていくメンバーの姿が！　それが、人気メンバーの須田亜香里さんでした。その勇ましさに感服して、思わず僕は尋ねました。「あのさ、怖くないの？」

すると彼女は弾けるような笑顔でこう言ったんです。

「死なきゃ何やってもいい。

だから、いろんなコトどんどん経験しなさいって、私、お母さんに言われてるんで！」

これです！　これなんです！　このスタンスこそ、僕らが見習わないといけない生き方なんです。人の道を外れることなく、精神とおサイフのキャパシティを超えない範囲でできることを、可能な限り体験してみること。そして、その瞬間の自分の「感情」を、しっかりと自分の記憶に「言語化」して焼き付けておくことが大切です。

ただ漠然と、「楽しかったー」「おいしかったー」「怖かったー」では何の意味もありません。自ら獲得した体験なのだから、自分にしか感じることのできないものがあるはずだし、それは「楽しかったー」みたいな平易な言葉で収まるものではないはずです。それをしっかりと自分の言葉で自分自身に焼き付けておく。それが、経験の財産になるのです。

ネットで見て、何となく知った気になっていることは、経験したとは言えません。少なくとも僕はそう思っています。自分の五感と時間とお金を使って経験したことこそ、言葉を生み出す燃料となっていくはずです。

長島観光開発／ナガシマスパーランド
ナガシマジャンボ海水プール
「フリーフォール」篇　CM（2014年）

地上23mから急降下するフリーフォールスライダーに挑戦するSKE48メンバー須田亜香里の様子を、アナウンサーと解説者が実況中継。「いい絶叫を期待したいですね」「さあ、天を仰いでスタートしました」「いいなぁ〜須田さんいい！」「フィニッシュ！」「すばらしい絶叫ですねえ！」S&N「絶叫クライマックス！」

周りの想いと経験を、思考の原動力に。

先ほどしつこく書いたように、人は自分の知っていることしか言葉にすることはできません。かと言って、自分の中にあるものに、僕は過剰な期待を抱かないようにしているんです。かなり矛盾したことを書きましたが、一体どういうことなのか、もうすこし詳しくお話しします。

僕はもともと、自分の中に充満しているエネルギーを、書くことによって放出させたい！　というような、いわゆる芸術家タイプではないんです。まったく。まず、仕事の依頼があって、目の前に商品があって、クライアントの方々の熱い想いや期待があって、初めて頭が動き始める。いわば「完全受注型」の制作者だと思っています。余談になりますが、そういう感覚も手伝って、僕はやっぱりクリエイターと呼ばれることにものすごく抵抗があったりもします。

こんな僕だからこそ、頼みの綱となるのは相手の持っている情報や想いです。相手というのは、主にはクライアントだったり、広告会社の担当営業だったり、クリエイティブディレクターだったり、アートディレクターだったり。その広告をつくる上で、意見を戦わせるすべての人の中にあるものを、なるべく多く引き出して、それを原材料にコピーを書くイメージです。

たとえば、クルマやＰＣなど、開発に長い時間と労力のかかる商品のお仕事の場合。クライアントの開発担当の方は、何年も何年もその商品と向き合い、ひたすら磨き上げて来られたわけですよね。人生を懸けている、と本気で思っていらっしゃる方もいるかもしれないし、へタすると、その商品が売れないと、仕事そのものを失うことだってあるかもしれない。そんな人たちの想いや、蓄積された情報をないがしろになんか、できるわけがない。もっとあざとい言い方をすると、その情報量と想いの大きさをうまく活用できないと、世の中の人々の気持ちを少しでも動かすような言葉なんて生み出せないと思うんです。

自分の中にあるものだけで、世の中の空気を一変させるような言葉を書けるなんて、少なくとも僕には到底思えません。加えて、自分の担当するすべての仕事に対して、クライアントが舌を巻くような豊富な知識を持ち得ているわけでもありません。

だとしたら、「お任せください」よりも「教えてください」というスタンスの方が、圧倒的に誠実だと僕は思っています。

と、いうようなわけで、私は役に立つことをいろいろと知っている。そうしてその役に立つことを普及もしている。がしかし、これらはすべて人から教わったことばかりだ。私自身は――ほとんどまったく無内容な、空っぽの容《い》れ物にすぎない。

かつて、伊丹十三さんがエッセイ『女たちよ！』の序文で書かれた言葉です。伊丹さんですら、かように謙虚な姿勢をお持ちなのだから、いわんや……です。自分の中にあるものより、周りからどんどんといいものを取り込んでいく。そのスタンスが大切なんじゃないか。そんな気がしています。

ストリーミングではなく、ダウンロードする感覚で情報を取り込む。

以前、打ち合わせをしていてこんなことがありました。制作中のＣＭにどんな音楽がふさわしいかを議論していた時のこと。若い女性スタッフに「○○っていうアーティストの△△って曲、知ってる？」と尋ねたところ、彼女はこう答えました。

「あ、あとでＹｏｕＴｕｂｅザッと流しとくんで大丈夫です」

決して間違っていないんです。間違っていないんですけど……なんか僕、このひと言に強烈な違和感を感じてしまったんです。なんていうか、音楽ってそんな簡単なものじゃないというか。ＹｏｕＴｕｂｅで「流せ」ばわかるものではないというか。そもそも「流す」って何なんだ⁉　深夜の環状線か？　僕がただ単に古い人間なだけかもしれません。けれど、すごく気になっちゃったんですよね。音楽との表層的なその向き合い方に……。

かつて、「あらすじ本」って流行りましたよね？　名作小説の、大まかなあらすじだけを一気にまとめ読みできる本。使い方によっては便利なのかもしれないけど、ただあらすじだけ知ったところで、それが何の役に立つのか？　それは、その本としっかり向き合ったことになるのか。つい、そう感じてしまうんです。

友人や仕事仲間と話していてわからないことがあると、その瞬間にスマホで解き明かすことが、いつの間にか習慣になりました。

「あの話って、なんだったっけ？」
「わかんないや、Ｇｏｏｇｌｅ先生に聞いてみよう」

たしかに、すごく便利になりましたよね。どんなことでも、知りたいことがすぐに手に入るのは素晴らしい。デバイスの進化に伴って、僕も知識の表面積がすごく広がった気がする。けれど大切なのは、手に入れたその情報を一過性のものにしないことだと思っています。その場で調べて、その瞬間に忘れていくようじゃ、書き手としてはまったく意味がない。その情報を自分の中にしっかりととどめておく習慣をつけること。やり方はいろいろあると思います。自分なりのやり方で、情報をストリーミングでなく、ダウンロードする感覚を養うことは、言葉を生む上でとても大きな力になってくれると思います。

最近は音楽も配信になって、アルバムを丸ごと買うよりも、好きな曲だけバラで購入することが増えましたよね？　それはそれでいいことだけど、やっぱりすこし抵抗がある。アーティストがひとつの流れとして創り上げたアルバムの世界を、はたしてつまみ食いして良いものだろうか？　そもそも、もうそんな感覚で創られていないんでしょうか、アルバムって……。

こんなことばかり書いている自分の昭和な価値観にややうんざりもしますが、でも長く聴いていると、派手なシングル曲よりも、最初はピンと来なかった地味な曲の方が愛着が湧いたりしますよね。一見、ムダと思えるモノやコトの中に、自分を本当に豊かにしてくれるものが眠っている。強引にまとめると、そんなことかもしれません。

新聞も読まないコピーライターなんて！

コピーライターを目指す人が集まるセミナーのような場で、時折お話をさせていただくことがあります。その時、冒頭で必ずこう質問します。

「今朝の新聞、読みましたか？」

手を挙げる人の数は、いつもだいたい二割ほどです。いや、もっと少ないかもしれません……。これって、ものすごく良くない状況だと思いませんか？

コピーライターの職能は、世の中のおおよその輪郭をきちんと掴み、人々の温度や意識を知り、自らの生み出す言葉によって、人々の心を動かすツボを突くという点にありますよね。コピーを書く上で、まず人間として信頼されることは何より重要です。誰よりも知識欲が高くて、あらゆる出来事に対して自分なりの視座を持っていること。少なくとも、そういう意識を持って毎日を過ごすことを強烈に意識する。

ゲームが進むにつれ、敵のレベルが次々に上がっていくのと同じように、キャリアを重ねるほど、向き合うクライアントの方々のステージも上がっていくことがほとんどです。当然、僕らコピーライターを見る目もどんどんシビアになっていきます。社員の人生を背負う経営者が、ブランドの責任を一身に担う担当者が、今朝の新聞も読んでいないコピーライターに、その企業や商品の命運を託すでしょうか？

ニュースアプリでサラッと見出しだけ舐めといたから大丈夫。なんてこと、絶対にないと僕は思うんです。それは知識というより心構えの問題に近いかもしれません。かなり前時代的なことを言っている気もするのですが、意外と大事な気がするんですよね、こういうことって。

新聞を読むだけでも、世界は変わる！
「田中電子版」は、こうして生まれた。

しかし、若い人って本当に新聞を読まないんだなぁ……なんて言ってる自分も相当古い人間かもしれない。けれど僕自身、新聞から学んだり、新聞から手に入れた知識に助けられたことって、実際かなり多い気がする。若い世代からは、もはや「必要ない」って思われている新聞が、みんなの日常の中で当たり前のように活躍し始めたら、かつて僕が感じたように、自分にもっと自信が持てる人が、男女を問わず劇的に増えるんじゃないだろうか……。

そんな実感をそのまま広告にしたのが、日本経済新聞電子版のキャンペーン「田中電子版」です。中堅資材メーカーに入社して四年目の、ごくごく平凡なビジネスマン田中。ちょっとずつ仕事も任されて来たけれど、自分には何かが決定的に足りないと自覚している。一体どうすればいいんだろう……あ、でもこの会議、眠いな……眠い……で、上司に怒られる。そんな日常を送る田中くんがある日、日経電子版の購読を始めたことで、自分の中で小さな変化が巻き起こる。その変化が、やがて彼の仕事ぶりさえ劇的に変えていく。そんな姿をコミカルに描いたＣＭです。

新聞の広告キャンペーンって、マジメなことをマジメに語るものや、感動を無理強いするようなヒューマン系のＣＭがムダに多いような気がしていました。ただ良いことを言うのではなく、もっと等身大で、新聞の存在をもっともっと身近に感じることのできる広告があってもいいんじゃないかな。そんな自分の実感から生まれたキャンペーンでもあります。

余談ですが、なぜ「鈴木」でも「木村」でもなく「田中」なのか。このキャンペーンの立ち上がりは、二〇一四年の三月。この時期、新聞の紙面に最も前向きなニュースを届けてくれるのは誰だろう？　そう考えたときに、東北楽天からニューヨークヤンキースに移籍した田中将大投手が頭に浮かびました。

「田中、メジャー初勝利」そんな見出しが紙面を賑やかす状況が、キャンペーンのいい追い風になってくれたら……そんなスタッフ全員の想いも詰まっているのが、「田中電子版」のキャンペーンです。

日本経済新聞社／日本経済新聞電子版
田中電子版「双子」篇
CM（2014年）

カフェで新聞を広げる田中電子版。同僚らが声を掛けると「人違いでは？」。そこに本物の田中電子版が登場。「僕たち双子なんです！」先輩「兄貴は新聞派か…」田中兄「はい、世の中の動きが一目で、アンダスタン！」N「日経には二つの読み方」同僚女性「どっちもいいかも…」

日本経済新聞社／日本経済新聞電子版
田中電子版「田中、電子版になる」篇
CM（2014年）

昼下がりのオフィスで。「つまりさ、肝心なのは税率じゃない。消費行動にどんな影響を及ぼすかってこと。アンダスタン？」。同僚に揚々とニュースを解説する田中。その姿に先輩が「田中、変わったよなあ」と感心。しかし同僚女性が気づく。「違う、あれは…田中電子版！」S「電子版に、なろう。」

クライアントから見たコピーの話②

日本経済新聞社

八田亮一さん

「田中電子版」は、シリーズ一作目からいきなり同ジャンル内のCM好感度ランキングで一位になりました(※)。この案でいこうと決めたのは、やはりインパクトの大きさです。春のキャンペーンで、新生活の高揚感が高まっているところにぶつけていこう、と。

日経新聞はもともと四十代のビジネスパーソンをコアな読者層としている一方、二十〜三十代の若い世代や女性に対してもアプローチを強化したいと考えていました。「経済」という言葉だけ聞くと皆さん、「自分と関係ない」と思われるかもしれませんが、そんなことはない。じつは生活の身近にあることを感じてもらいたいという意図があり、電子版を読むデバイスと距離が近い世代にアピールしながら、既存の読者層にも選択肢のひとつとして認知してもらおうという狙いです。

「田中電子版」には、弊紙の名称も「経済」という言葉も入っていませんが、日経電子版のイメージを固めてくれたと思います。この「田中」というのは、じつは別に田中じゃなくてもいいんですよ。自分の興味のあるニュースを登

録しておくと関連ニュースが流れてくるといったカスタマイズできる機能が媒体の特徴としてあり、だから「人の名前＋電子版」なんですね。パーソナルなメディアですよ、という裏のメッセージが隠されている。初めて見た視聴者にはそこまでわからないかもしれませんが、我々からすると、サービスのことをよく理解してくれたクリエイティブの提案で好感を持ちました。

基本的には、広告制作者の方には最初に要望だけ伝えてあとはお任せ……というスタンスですが、新聞社ですから、どういう言葉を使うかということについては調整を繰り返します。言いたいことを削ぎ落として、どんなひと言だったら受け手に刺さるか。新聞の見出しがそうですが、我々自身がそれを普段やってきていますから。

潤平さんとの議論は楽しいですよ。非常にレスポンスが早い。こちらの想いが熱いうちに返してくれます。ときどき、絶対に通らないだろうという案を出してくることもある（笑）。彼自身もわかっていながら、試しにボールを投げてみようというイタズラっ気があって面白い。

撮影中に「勝手プレゼン」を受けたこともあります。まだ次回以降のことがまったく決まっていない段階で、「考えてきちゃいました」と。その場で判断はできませんでしたけど、そんな経験は初めてで、楽しんでやってくれているんだな、と発注者としては嬉しいものでした。

※二〇一四年三～五月度累計　新聞系　銘柄別ＣＭ好感度一位（ＣＭ総合研究所調べ）

雑談力を鍛えよう。

クライアントへ打ち合わせへ出かけたある日。先方の都合で、十五分ほど空き時間ができたとします。営業の人や他のスタッフは、ここぞとばかりにスマホを取り出し、たちまち自分の世界に没頭してしまう。そんな光景、目に浮かびますよね？ そんなときこそ、コピーライターの出番だと思うようにしましょう。自分のまわりで起こったこと、人から聞いた面白い話。縦横無尽な雑談で、死にかけた時間をあっという間に活性化させるのです！

なんて書くと、怪しい自己啓発本みたいですが。この項で僕が言いたいこと。それは「雑談をトレーニングの場にしよう」という提案です。

僕の尊敬する某アートディレクターは、打ち合わせが始まる前に必ずと言っていいほど僕らスタッフにこんな質問をしてきます。

「どう？ 最近、なんか面白いことあった？」

彼は別に、面白い話に飢えてるわけではありません。これは限りなく確信に近い推察ですが、彼は試しているんです。僕たちが普段、どんなことを観察し、どんなことに気づきながら生きているのかを。それがわかっているからこそ、彼の後輩のデザイナーたちは、打ち合わせが近づくと必死に最近の出来事を思い返します。もちろん僕も。そしてそれをどう面白い話に仕立てるか、脳をフル回転させるのです。

そうなんです。面白い雑談をするのって、本当に大変なんです。そして、その大変さこそ、じつに有効なトレーニングになることが、最近ようやくわかってきました。

雑談がつまらない人の共通点。

この、「雑談トレーニング」を経験したおかげでわかってきたこと。それは、雑談をしていてつまらない人には何となく共通点があることです。

ひとつは、自分しか興味のないことを延々と話し続ける人。この話、相手が面白がって聞いてくれるかな? そんなことお構いなしに、自分が興味あることだけを、延々と話し続ける人、周りに割と多くないですか？　多いですよね……。

もうひとつは、相手のことばかり尋ねてくる人。質問に一貫性はなく、履歴書みたいに表層的な質問ばかりを投げかけてくる人。その問いかけの先で、この人は何が知りたいんだろう……。つい、そんな気持ちになってしまいます。

雑談は、エンターテインメントです。自分が今、何を面白いと感じているか？　そしてそれを、相手にどう面白く伝えられるか？　その意識が高い人ほど、話がうまくて面白い。そういう視点で考えてみると……雑談ってものすごく、コピーと似ていますよね？

情報を吸収しやすい身体をつくろう。

できるだけ多くの情報をインプットすべし。ということを、ここまで書いてきました。が、そういうことを自然体で上手くやれる人って本当にたくさんいますよね。こうやって、原稿を書いている合間にＦａｃｅｂｏｏｋを眺めても、本当にいろんな人たちが、様々な活動を通して猛烈にインプット活動を行っています（ちなみに今日は土曜日です）。ああ、うらやましい……。

一方で、この項で僕が言いたいのは、別にスペシャルな体験をしなくても、毎日の中で効率よくインプットできる頭と身体は「開発」することができるという考えです。のんべんだらりと生きているだけでも、面白い出来事には山ほど遭遇するわけで。それをきちんと自分の中に貯めておく。自分の発想の原料として生かせる状態にしておく。それがとても大切なことに、僕はある日気づきました。

そうだ　京都、行こう。

もはや説明不要ですよね。もう二十年近く使われ続けている、日本を代表する広告コピーです。このコピーの良さを今さら説明する必要などないと思うのですが、ひとつだけ、僭越ながら僕が強烈に優れていると感じるのは、「難しい言葉なんかひとつも使わずに書かれているコピー」という点です。

巨大キャンペーンを背負う、屋台骨としてのコピーなので、当然のことながら深い洞察と緻密な戦略のもとで生まれたことは容易に推察できるのですが、その痕跡がまったく残っていないぐらい、言葉はいたって普通です。平凡な会社に働く平凡なOLさんが、給湯室で来客用の茶碗を洗いながらポツリと漏らしたようなひと言。だからこそ、普遍的で、強くて、すたれないコピーであり続けているんだと思います。この言葉が持つ共感の軸は、世の中が変わっても決して揺らぐことはない。

日常に潜む些細なリアリティの断片を、丁寧に収集すること。優れたコピーライターの方々はその能力が抜きんでています。僕たちも、その習慣をつくっていかなければなりません。記憶力がいい人は、脳味噌に叩き込んでおけばいいかもしれない。しかし、僕は残念なことに標準スペックの記憶力しか持ち合わせていません。そこで、以下の方法で、「情報を吸収しやすい身体づくり」を心がけています。

その1　メモを取る

なーんだ、そんなことか。はい、そうなんです。けれど、簡単なようで意外と続かないのがこれ。耳慣れない単語を聞いたとき。ちょっと面白いエピソードを聞いたとき。すごくいい映画をすすめられたとき。スマホを立ち上げて、メモメモメモ。すぐに忘れてしまいそうな話も、キーワードだけメモしておけば後から記憶が甦る。情報を取り込みやすい身体づくりの基本中の基本です。

その2　聞き耳を立てる

世の中には、おかしなエピソードがあふれています。それはテレビの中じゃなく、僕たちのすぐ身近にゴロゴロしていたりもします。電車の中や、カフェの店内、聞き耳を立ててみると……不思議な言葉を使う女子高生から、妙な人間関係で成立しているサラリーマンの集団の会話まで、放っておけない言葉たちが次々に飛び込んできます。

その3　電車の中吊り

電車の中吊りは、ニッポンの縮図！　なんて言うと大げさですが、今、世の中で何が話題にされているのか、今、誰が人気者なのか、今、どんなことをみんなが気にしているのか、広告をつくる上で把握しておかないといけないことがダイジェストされているように思えるんです。電車に乗ったら、まずはグルリと中吊り広告をチェック。その数十秒は、あなたにとって決して無駄にはならない時間になるはずです。

その4　オヤジギャグ

オヤジギャグって、みんな思いついているんですよね？　心の中では。けれど、羞恥心や一般市民としての良識が、それを口にすることに歯止めをかけている。一方で、そういう精神性から自由になったおじさんたちは、まわりの空気など一切気にすることなくポンポンとギャグを連発する。まったく根拠はないのですが、ギャグが思い浮かぶのって、自らの言語中枢が「オン」な状態なんじゃないでしょうか。だとしたら、それを押しとどめる必要は僕らにはないですよね？　口にするかどうかは個人の判断に任せるとして、オヤジギャグが思いつきやすい脳の状態をキープすることは大事なのかなと。これはあくまで私見です。

その5　乱読

僕、いつも数冊の本を同時に読むんです。これって悪い癖だと思っていたのですが、最近そんなに悪いことじゃない気もしています。とにかく、あらゆる種類の本を読む。丁寧に読む本と、雑に読む本があっていい。いろんな視点やいろんな表現があることを、いろんな本を読むことで知る。たまには、自分はまったく興味がないジャンルの雑誌を読んでみる。男性ならコスメ誌、女性なら下世話な大衆誌。こんなテーマをこれだけ深掘りできるのか！　と驚かされることも本当に多いです。それだけでも、意味のあることだと思います。

その6　モノマネ

大変失礼なのは承知なのですが、僕はクライアントさんや仕事仲間のモノマネを特技としています。モノマネって、ただ似せるだけじゃダメなんですね。その人がいかにも言いそうなこととか、言いそうだけどなかなか言わないこととか、そこの境界線ギリギリのことを、その人の口調で語ることで、初めてみんなにウケる。その言葉選びの想像力って、なかなかに僕を鍛えてくれている気がしています。まずは、身近な上司やクライアントの担当者さんから始めてみるのはいかがでしょう？

「聞く力」と、「選ぶ力」

「潤平ちゃんはさ、ホラ、耳がいいからね」

これ、最近掛けていただいた言葉の中で一番嬉しかったフレーズです（そもそもこの年になると誉められること自体ほとんどない）。その方は某広告会社の戦略ディレクター。その方云く、僕は打ち合わせやプレゼンでの話の中で、本当に必要なことだけを要領よくピックアップすることに長けているそうです。まったく自覚はないのですが……相手の顔色ばかりうかがう、典型的な次男坊だからでしょうか。いずれにしても、ありがたいことですし、実は、相手の話をちゃんと聞くことは、自分自身でも強烈に意識していることでもあります。

先ほどから再三お話ししている通り、僕は自分の経験データベースを土台に、さらに周りの人の頭の中にある情報や、胸に秘めた想いを取り込みながら言葉を生み出す、というスタイルが自分の軸であると考えています。その上で大切なのは、それが本当に必要な「芯を食った」情報であるかどうかを見極めることです。

実際にお仕事をされている方ならよくおわかりだと思いますが、打ち合わせやプレゼンって、ほとんどが雑談めいた会話によって成立しています。その合間合間に、核心を突くやり取りが顔を覗かせます。そのポイントをちゃんと見きわめ、キャッチできるか。僕にとって、それが生命線なんです。

そのためには、何でも吸収しやすい状態をつくりながら、本当に大切なポイントを掴む、その勘所を養うこと。これができないままだと、打ち合わせ後のメモを見返しても、暗号めいたキーワードだけが羅列されているだけで頭が真っ白になる。そんなことを繰り返してしまいます。

僕が強く意識しているのは、「余計な先入観を持たないこと」と、「最低限の情報は事前に頭に入れておくこと」。この商品はこんなもんだろう。この人はキーマンじゃないから、そんなに重要な話は出てこないよな。そんなつまらない先入観を持って臨んだ瞬間、大切な情報を取りこぼしたり、商品に対して誤った認識を持ってしまうことがとても多いように思えます。

それを未然に防ぐためにも、事前に商品を「予習」しておくことがとても大切です。企業情報や商品情報を、ネットでざっとチェックしておく。業界の状況を調べておく。その商品が売られているお店へ行って、売り場でどんな存在感を放っているかを肌で感じておく。たったそれだけで、たとえば商品担当の方の話が一気に「生きた情報」として自分の頭の中に取り込まれていくはず。

同じ情報に触れたとしても、その人の「取り込む力」次第で、コピーを生み出す材料として生かせる情報量が圧倒的に変わってくる。そう考えると、「話を聞くセンス」は、「書くセンス」以上に重要な意味を持つとも言えるかもしれません。

第3章　考えることを習慣化する力をつけよう。

遅咲きの方が、うまくいく（はずだ！）。

代理店に入社した当時、同期の面々のエネルギッシュさやコミュニケーション力の高さに、僕は完全に腰が引けていました（もちろん、今では大切な仲間たちです！）。こんなにスーパーポジティブな人たちの中で、自分の力なんて出せるはずがない。毎日そう思っていました。会社の外を見渡しても、同世代のクリエイティブ職の人たちが次々といい仕事をし、有名な賞を獲り、雑誌に載り、海外へと羽ばたいていく人さえいました。

一方の僕はと言えば、会社の片隅の打ち合わせスペースに籠って、その日の打ち合わせに間に合わせるためだけの目的で、中途半端なコピーを延々と書く日々を過ごしていました。焦りとあきらめと自暴自棄が入り交じった、かなりよろしくない精神状態のまま、二十代半ばから後半という、人生において最も充実するはずの時間を駆け抜けてしまいました。

後悔しているか？　それが、そうでもないんです。鬱屈した精神状態で、黙々とコピーを書き続けた日々。周りが次々と結果を出していく中、打ち合わせに没コピーを出すだけの毎日が、今日の自分がコピーを書くための筋肉になっていると確信しているからなんです。

今になって思えば、最初からうまくいかなかったことが、僕にとってとても良かったように思うんです。調子に乗りやすい僕のことです。最初からトントン拍子でうまくコトが進んでしまったら、すぐに「こんなもんかな」とタカをくくり、書くことを怠っていたかもしれない。コピ筋を鍛えることもせず、サボることばかりを考える、ちょっと痛い感じのコピーライターになっていたかもしれません。

この本を手に取ってくださる方の中には、今の自分の置かれた状況や、自分自身が書くコピーにどうにも満足や納得がいっていない方が多いはずです。そんなあなたにハッキリ言いたい。今を楽しもうなんて思わず、しばらくはトコトン苦しんだ方がいいです。

「止まない雨はない。」なんて、気休めみたいなことを言うつもりはまったくありませんが、トンネルの中を腹這いで進むような毎日を過ごすうち、ある日「あれ、なんか、書けるかも……！」と思える日が突然やってくるはず。自分の経験したその道のりを、お話ししていこうと思います。

コピーは才能で書くもんじゃない。

コピーライターになりたての数年間。打ち合わせに先輩たちが書いてくる言葉の鋭さや鮮やかさに、毎晩打ちのめされていたのをよく覚えています。はるか遠くにある星を掴んでくる言葉、というよりは、最初から足元に転がっていた石を磨いてキラキラと輝かせたような言葉。あ、そういうことなら僕も見つけられたはずなのに……そんな感覚に襲われる言葉が、当たり前のように会議室のテーブルを埋め尽くしていく。隅っこの席に座りながら、そんな言葉にドキドキしていた頃の記憶は、今でも強烈に刻み付けられています。

コピーライターという仕事は、才能でやるものではありません。おそらく、他の多くのコピーライターの方も「うん、そうかもね」と言ってくれると思います。それなら才能ではなく、ひたむきな努力がやがて実を結ぶのか。どちらかというとそうかもしれませんが、そんな簡単なものでもないような気もします。自分の中に眠る才能に頼るでもなく、やみくもに努力を重ねることで一途に成長を期待するでもない感じ。「書く」という行動を当たり前のこととして自分に習慣化させる中で、自分が書ける言葉の技術を効率よく磨いていく、というのが、僕の言いたいことに一番近い表現かもしれません。

書くことはしんどい。だからこそ、コツがいる。

お恥ずかしい限りなのですが、コピーライターという仕事を十五年近く続けておきながら、そもそも僕、書くことがあまり得意ではないんです。プロとして仕事をしている今でも、書くという行為は基本的にメンドクサイ。今日はこのコピーを書かなきゃ、メンドクサイなぁ。明日はあのコピー書かなきゃ、ああメンドクサイ……。毎日そう呟いては渋々デスクに向かいます。根本的にこの仕事に向いてないんじゃないか。そう悩んだ時期もありました。が、ある日。スタジオジブリのドキュメンタリーをテレビで観ていたら、あの宮崎駿さんがまったく同じことを呟きながら黙々と絵を描いていらっしゃったんです。

「ああ、メンドクサイ！　本当にメンドクサイ！」

「なんでこんなメンドクサイことやらなきゃいけないんだ！」

その様子を観たとき、何だかちょっと気が楽になったんです。あ、そっか。みんな同じなんだ。そもそも、もしかしたらメンドクサイ行為だからこそ、仕事として長く続けられるんじゃないか。

メンドクサイことを、朝から深夜まで続けるわけですから、すぐに逃げ出したくなります。今もこの原稿をＰＣで打ちながら書いていますが、ふと気を抜くとネットを開いてしまったり、ＹｏｕＴｕｂｅでダラダラと映像を眺めてしまったり……。そんな怠惰な自分との戦いが日夜続きます。

それでも、締切の時間は刻々と迫ってきます。焦れば焦るほど、他のことに逃げ場を求めてしまう。夏休みの宿題と一緒ですよね。そんな自分の弱さは、結局のところ、簡単には治らないのだということを、僕はこの年になってようやく悟りました。急に、ストイックに書くことと付き合うことなんてできない。だとしたら、自分の弱い部分をうまく飼いならさないといけない。そう考えるようにしたんです。

思考の持久力を高めよう。

人間誰しもそうだと思うのですが、忙しい状態や緊張した状態があまりに続くと、休息したくなりますよね。頭を空っぽにして、心身を完全にリセットしたくなります。僕もそうだと思っていました。けれどある日、ふと気づいたんです。ひょっとしたら僕、あまり休まない方が調子がいいのかもしれないぞ……と。

夏休みや年末年始、あるいは海外出張など、仕事場をまとまった期間離れる機会は一年のうちわりと頻繁にあります。そんな時でも、僕はできるかぎり滞在先でデスクに向かうようにしています。つまり、いつどこにいても仕事をするんです。

夕方の一時間でもいいし、早起きした朝の一時間でもいい。毎日必ずノートやPCに向かって、何かを「書く」ようにしています。その一時間がないと書く感覚が鈍る、ということもあるかもしれないのですが、じつはあまりそういう意識はなく、「オンとオフを切り替えない」ためにデスクに向かうんです。一体どういうことなのか。

普段、黙々とデスクに向かってコピーを書いていていてしんどい気持ちになってくるのは、「こんなに頑張ってるのに全然終わらない！」とか「みんな楽しそうに過ごしているのに自分だけ仕事なんて……！」的な被害者意識が増幅する瞬間ですよね。ああ休みたい。でも休めない。なんて可哀想な俺……いやいや、そうではなくて、自分の一日の中には、最初からデスクに向かう時間が組み込まれていると考えてみる。つまり、企画する時間がプリインストールされている人生を生きていることにするんです。

平日がオン、週末がオフなのではなくて、基本的に365日がすべてオン。で、オンのところどころに自由時間が組み込まれている。それが僕のライフスタイルなんだと、発想を完全に切り替えてみたんです。だから、土日であっても必ず少しだけ仕事をする。たとえ、約束待ちの三十分でも、カフェに飛び込んでコピーを書く。企画をする。自分の人生において、それが当たり前のことだと考えてみる。そうしたら、気持ちがすごく楽になったんですよね。それどころか、考えるスピードがつねに一定になった。今日は全然思いつかないな、とか、考える気が起きないな、みたいな日がなくなった。これは使えるぞ！　と思ったわけなのです。書くのはメンドクサイ。考えるのもメンドクサイ。だからこそ、毎日の中にあらかじめ組み込んでしまう。当然のように、毎日に存在しているものだとしてしまうんです。

これが終わったら、頑張った自分にゴホウビ、的な考え方ってありますよね。あの発想と似ているようで、１８０度違う。あきらめの極致から生まれた、書くこととのポジティブな向き合い方。毎日必ずデスクに向かう。毎日必ず企画をする。このやり方が、僕が苦心の末に見つけた自分の頭を動かすためのエンジンです。

世にあふれる広告に学べ。

普段の生活で、僕たちは無数の広告に接しています。そしてそのほとんどは、意識されないまま右から左へと流れていく（これは冒頭でお話しした通りです）。しかし、これら無数に目にする広告こそ、僕たちにとって格好の教科書になる可能性を秘めています。

たとえばです。電車に乗って、顔を上げるとそこに新商品のビールの中吊り広告がある。話題のタレントさんがおいしそうにビールを飲み干すビジュアルがとても目立っている。自分だったら、この広告にどんなキャッチコピーをつけるだろうか？渋谷の街を歩いていて、アルバイト募集の看板を見かける。そこに書かれたコピーが、自分にはどうもピンと来ない。どこにピンと来なかったのか？もし自分がその仕事を担当することになったら、はたしてどんなコピーを書くのか？すごく印象に残る、旅行会社のポスターがある。コピーもすごく好きだ。自分はそのコピーのどのポイントに共感したのか？発見なのか。言い回しなのか。語感なのか。そうやって、目に飛び込んでくる広告を、バッティングセンターのように次々と「打ち返して」いくんです。

・この広告は、そもそもどんなオリエンだったんだろう?
・そのオリエンに対して、どんな言葉で解決しようとしたんだろう?
・このコピーライターは、他にどんなコピーを提案したんだろう?
・コピーライターとデザイナーとの間で、どんなやり取りがあったんだろう?
・もっと粘れたとしたら、どんなコピーにブラッシュアップできたんだろう?

自分の仕事をこんなふうに分析されたら、たまったものではありませんが……そこは棚に上げておいて、目の前に存在している広告を、片っ端から分析しつくしていく。しかも、瞬間的に。いわば妄想的に、その仕事のコピーライターとして自分をアサインしてみる感覚です。

常々感じることなのですが、広告に携わる人って、研究熱心な人が意外にも少ないですよね。たとえばプロの野球選手だと、対戦するピッチャーの球種やクセを徹底的に分析してから打席に入る。マメにノートをつけながら、傾向と対策を入念に立てて準備をするからヒットを打つことができる。広告も同じであるべきですよね。せっかく目の前に研究対象が、それこそ無限に存在しているのだから、もっともっと勉強する習慣をつけてもいいんじゃないかと思うんです。

歩きスマホは今すぐやめて、顔を上げて街を眺めながら、自分を取り囲む広告に意識を向けてみる。駅から会社までの十分間でも、なかなかいいトレーニングになりますよ。

偉大なる先達に学べ。

そうだ　京都、行こう。

NO MUSIC, NO LIFE.

愛に雪、恋を白。

先ほども挙げた通り、僕が学生の頃から憧れ続けているコピーです。いつかは僕も、こんなコピーが書けるようになりたい。今でも僕にとっては強烈な目標であり、越えられない壁でもあります。

あなたの一番好きなコピーは何ですか？　あなたが追いつき、追い越したいと願うコピーは何ですか？　自らのスキルを上げるという観点から見たとき、コピーライターがとても恵まれているのは、過去の偉大なコピーをつぶさに見て学べるという点にあります。たとえば、ＴＣＣコピー年鑑。広告専門誌。著名なコピーライターの方の作品集や著書。さらにはＡＤＣ年鑑やＡＣＣ年鑑。過去数十年も遡って、名作と呼ばれるコピーやキャンペーンをじっくりと勉強することができます。

僕自身、偉大なる先輩たちのコピーを目にして痛感するのは、知識も教養も、まだまだすべてが足りないということです。言葉から漂う奥深さとか、言葉が放つ余韻とか。商品の説明にとどまらず、何か新しい価値観を提案しようとしているスケール感とか。これって、書き手の内面に確固たる意志やルーツが土台として存在していて、その上で自分なりの視点や発見を言語化しているからなんですよね。きっと。だから、広告なのに物語がある。あらためて、そのことを痛感するんです。

メディアの移り変わりとともに広告の役割も変わり、ミニマムでスピードのある言葉が求められている。そんな話をよく聞きますが、やっぱり、カッコよくて味わい深いコピーが書きたいといつも願っています。そのためには、足りないものがまだまだ本当にたくさんある。過去の偉大なコピーは、そんな現実をまざまざと見せつけてくれます。今の自分に足りないものをしっかりと見つめ直すためにも、過去の名コピーに触れるのはとても大切なことだと思います。

過去のコピーに学ぶ「着眼点」の妙。

僕がよく行うトレーニングをご紹介します。それは「コピーの因数分解」。自分なりに過去の名作コピーを分析しながら、その言葉が秘めている力の源を突き止めていって、自分のコピーライティングに生かす。ただ漠然と「いいコピーだなぁ」と口を開けて年鑑を眺めるよりも、ずっと前向きな向き合い方だと思っています。

「きょ年の服では、恋もできない。」

一九九七年のバーバリーの広告コピーです。最高にカッコいいですね。バーバリーチェックのパンツを着こなしたモデルの躍動的なポートレートにこのコピーがシャープにデザインされた広告を目にした時は、思わず「おお!」と声を上げてしまいました。このコピーの優れているところは、新しい服を買うという「行為」を、広告を目にした人の「生き方」の話にそっくり読み換えているところにあると考えます。

さあ、新しい季節がやってくる
↓大げさに言えば、新しいあなたに生まれ変わるチャンスでもある
↓それなのに、去年とおんなじ服を着てていいワケ？
↓新しい服を着て、新しいあなたになれば……
↓きっと、新しい恋に巡り逢えるはず！

こうやって、理解のプロセスを因数分解してみると、主語は服ではなくて、つねにあなた。つまり、広告を見た人ということになる。だから「なるほど！」「そうだよね！」と共感できるように思えるんです。

今シーズンも新作がたくさん揃ったので、ぜひお店に見に来てくださいね。そんなメッセージをストレートに投げかけられても、それはおたくの都合でしょ？　ということになる。つまり、共感の輪はずっと小さくなってしまっていたはずです。広告の受け手が、自分自身のドラマとしてコピーを受け止めてしまう。その主体の鮮やかな切り返しに、このコピーの妙があるように思えてなりません。

「想像力と数百円」

　このコピーを僕が知ったのは、まだ中学生の頃だったと思います。新潮文庫の夏のキャンペーンコピー。当時、なかなか外へ遊びにいかず、本ばっかり読んでいた自分を、このコピーが肯定してくれたような気持ちになったことをよく覚えています。

文庫本は、たかだか数百円の買い物
↓けれど、ページをめくるたび、想像力は無限に広がっていく
↓数百円の買い物が、人の一生を左右することだってあるかもしれない
↓けど、そうやって説明されてしまうと、なんだか重いな……
↓何だか学校で先生に言われている感じ？
↓一方で、このコピーはそんな説明はしていない。もっと端的で、詩的
↓だから自分が本を読む情景を、ふと思い浮かべることができるのか！

「変われるって、ドキドキ。」

僕が代理店に入社し、制作局に配属になったことで伸びかけていた鼻をボキッと折られた頃にＴＶから流れてきたＣＭです。トヨタ・カローラのフルモデルチェンジの広告。

時は二〇〇〇年。もうすぐ二十一世紀
↓何か大きな変化が、みんなの毎日に起こるかも
↓でも待てよ、世の中が変わるには、まず自分が変わらなきゃいけないよね
↓変わるっていいことだよ。怖いことじゃない
↓変わろうよ。だって、あのカローラだって変わったんだから！

当時、日本のクルマの象徴はカローラでした。カローラは、いわば日本の平均値。そのカローラが「変わろう」と呼びかけることの思い切りの良さに、未来への期待を

抱いた人は少なくなかったはずです。

リニューアルしたカローラの魅力を語るのではなく、「変化」そのものをテーマにメッセージを組み立てる。そのビジョンの広さと大胆さは、まだ生まれたての子鹿のようだった僕にも直感的に理解できました。ああ、これはとんでもない世界へ足を踏み入れてしまった。そんな想いに駆られ、武者震いしたのをよく覚えています。

写経はおいしいトレーニング。

僕の大好きな過去の偉大なるコピーをいくつか、無礼を承知で因数分解してみました。僕は若い頃、自分の仕事になかなか集中できない時は、ＴＣＣコピー年鑑を広げ、気になったコピーを書き写しては、そのコピーがどんな経緯で生まれたのか、自分なりにあれこれシナリオを組み立てて現実逃避していました。それが、夜中のオフィスでできる唯一の楽しみでした。束の間、仕事から逃れる自分を正当化する行為ではあったのですが、今になるととても役に立つことをしていたなと思います。

今、会社で先輩から、コピー年鑑を写経しろ！　と命じられる日々を過ごしている方はいますか？　メンドクサイですよね。社会人になってまで、なんでこんなことさせられてるんだろう。これって、ある意味パワハラだよね。そう思いながら延々とコピーを書き写していたりしませんか。大丈夫です！　あなたは今、とてもおいしい経験をしていると思った方がいい。先ほども書きましたが、コピーはただ眺めているより、自分の手を使って書き写し、自分の喉と耳を使って取り込んだ方が絶対に血肉になります。面倒だからこそ、それはあなたのコピーの筋肉を鍛えているのです。そうやって筋トレを繰り返しながら、自分の心を動かすコピーのリズムやテンポを叩き込む。それを勤務時間でできるのですから……そう考えるとおいしいでしょ？

コピーライターと考えました。

「いかにして、コピ筋を鍛えたか？」

岩田純平さん

電通／コピーライター。主な仕事にJT「ルーツ飲んでゴー！」「それでも、前を向く。」、サントリー角「わたしは氷、あなたはウイスキー。」「うちのハイボールは角だから。」、「角ハイボールがお好きでしょ。」日本公文教育研究会「くもんいくもん」など。

玉山貴康さん

電通／コピーライター、クリエーティブ・ディレクター。主な仕事に楽天トラベル「ほぼ毎日突き出し」、男女平等参画推進みなと「DV根絶パネル」、ACジャパン「こだまでしょうか」、キヤノンEOS60D「趣味なら、本気で。」など。

ここで、特別ゲストをおふたりお呼びしようと思います。あこがれの先輩であり、コピーという修羅の道をともに進む同志のような存在（と僕は勝手に思っている）でもある、玉山貴康さんと岩田純平さんです。おふたりに共通しているのは、何より「書く」

ことにこだわり抜くこと。そしてそのための努力を人一倍、いや、人五倍も続けていらっしゃることです。

玉山さんは、二〇〇五年から二〇〇六年にかけて朝日新聞でほぼ毎日掲載された楽天トラベルの小型広告シリーズや、ACジャパン「こだまでしょうか」のCMなど、多くの人の記憶に残るキャンペーンを手がけられています。じつは玉山さんは、広告代理店入社後、セールスプロモーション（SP）局に長く勤務され、コピーライターになったのは、クリエイティブ局へ転局した三十二歳の時なのだそうです。

玉山　三十二歳のコピーライターといったら、普通に考えれば十年選手なわけです。でも僕の場合、コピー一本書いたことがなかった。そんなヤツに仕事をふってくれる人なんているわけもなく、周りからは「お前、ダレやねん？」という感じで見られてましたよ。

一方で岩田さんは、大学卒業後九年間、メーカーの宣伝部でひとつの商品の新聞広告をつくり続けていらっしゃいました。

岩田　養命酒製造にいたんですが、印刷媒体の宣伝物をほとんど自社内でつくっていたんです。面白いシステムで、つくった広告をとりあえず地方紙に出稿してみるんですよね。で、端に書かれている「説明書をさしあげます」の告知に対して応募があった数で効果を計る。その結果が良かったら全国紙に掲載される。一年目からずっとその繰り返しをやってました。

おふたりとも、もともとコピーライターになりたかったんですか？

玉山　転局するまでは、まったく。特別な才能がないと無理だと思ってました。SP局で担当していたクライアント作業がものすごくハードで、何ヵ月も残業続き。しんどくてしんどくて。台風の翌日に増水し、ゴーとうなる隅田川をぼーっと眺めてたら飛び込みそうになっちゃって。あ、精神的にやばいなって。で、この状況から逃げ出したくて、転局試験を受けました。ちょうどその頃、カンヌ国際広告祭の入賞リールを見る機会があって、そこで初めて広告ってこんなに面白いんだって思ったんですよ。コピー年鑑というものに初めて出逢い、「写経」を始めたんだけど、良質なコピーはまるで一本の映画を見ているように豊かな気持ちになる。書き写しながら、コピーってなんて自由なんだろうって、のめり込んでいきました。

岩田　僕は大学が文学部で、周りがみんなマスコミを受けるものだから自分も……って軽い気持ちで出版社とか代理店を受けたんだけど全部落ちまして、困ったなという時に学内の掲示板に養命酒の広告制作者募集が貼ってあるのを見つけました。就職説明会では、湯飲みに入ったお茶が出て、学生三人に対して社員がふたりがかりで二時間以上かけて広告活動について話をしてくれて。なんだか不思議な会社でしたが、そこでコピーライターになるスタートラインに立ったんです。

自分で自分をいかに育てるか。

僕が新人だったとき、採用される・されないは別として、コピーを書く機会だけはもらえました。いろんな現場、いろんな商品、いろんな上司や先輩と接した経験で得た気づきがたくさんあったのですが、三十歳を過ぎてまた新人の状態に戻った玉山さん、ひたすら同じ商品のコピーしか書けなかった岩田さんはどうやってコピ筋を鍛えていたんでしょう?

玉山　仕事がもらえなくてとにかく時間だけはあって、写経を続けてたら、実際に書きたい気持ちがふつふつと湧き上がってくるんですよね。自分だったらどう書くかなって。でも仕事がない。そこで僕は、社内で募集されていた「人権スローガン」に全力投球した。障がい者や子どもたちの人権、年齢差別や女性差別等について十くらいのカテゴリーに分かれてて、優秀作品はポスターになって、社内で貼り出されたりするんだけど、毎年五〇〇〇点以上の応募がある。前年の入賞者の名前欄をぜんぶ自分の名前にして、机の前に貼って、コピーを書きました。そしたら三本入賞して、それがきっかけで、すこしずつ声を掛けてもらえるようになって。

岩田さんは宣伝部でコピーの書き方を教えてもらったりしてたんですか？

岩田　養命酒でつくっていたのはレスポンス広告で、結果がすべて。上司からコピーを習ったこともなく、何年か経つとやっぱりすこし腐ってきまして。そんなとき偶然、一倉宏さんが書いたパルコの「けれども、君は、永遠じゃない。」というコピーを目にして、こういう言葉を書きたかったんだよな、俺も頑張ろうと思っていたら、ちょうど一倉さんのコピー講座ができることになって通い始めました。

一倉さんからは、良いコピーの基準というのかな、端的に言えばTCC新人賞に入りやすいコピーの基準を教えてもらいましたね。やっぱり明らかに何も練習してきていない人と、練習してきている人だったら、審査員も後者に票を入れたくなるんですよ。それまでの僕は何もわかっていなくて、「誰も見たことがないコピーを書いて評価されたい！」という感じだったんですけど、手法というのは限られていて、まったく新しいコピーなんてたぶん滅多につくれない。だから、あるカテゴリでは見慣れたアプローチの方法でも別の商品に持って来ると新しく見えたり……といったテクニックをきちんと学んだほうがいい、と。養命酒のコピーで対句的な手法で書いたものを見せたら誉められたこともあって、この方向で掘っていけばモノになるかもしれないという物差しをいただいた感じですね。その何年か後にＴＣＣ賞を受賞したとき、「一生養命酒で頑張っていくのもいいけど、本当にそれでいいのか」と言ってくれたのも一倉さん。それがきっかけで代理店への転職を考えたんです。

僕自身もそうだったのですが、代理店にいるからといって、つねに大きないい仕事ばかりをもらえるとは限らない。岩田さんの場合、外部から来たのならなおさらだと思うんですが、社内での自分のポジション取りみたいなことは意識してました？

岩田　ラッキーだったのは、最初についた上司が新しいもの好きの方で、競合プレゼンのBチームに入れてくれたりしたんですよね、ギャンブル的に。だからわりと早めに打席には立てた。そこで僕は、自分ができることをやればいいんだって思ったんです。それまでひとつの商品のことだけを九年間考え続けてきたので、「切り口」を探すのは得意でした。消費者が思わずその商品を欲しくなる瞬間を見つけることをずっと訓練されてきた。じゃあそこで勝負しよう、と。それが「ルーツ飲んでゴー！」（JT）キャンペーンに繋がったわけです。

「量」にこだわって「質」を磨く。

「ルーツ飲んでゴー！」や玉山さんの「楽天トラベル」を見てもわかるように、おふたりに共通しているのが、「量を書く」ということ。僕自身、一章でも書いたように、量を書くことで得た「考える力」が、コピーライターとしての体幹筋になっている実感があります。

玉山　自分の場合は、みんなより十年遅れた分、たくさん書くことで取り戻したいという気持ちがありました。楽天トラベルは、そんな自分の事情と、クライアントの狙いがバッチリ合った例。旅っていつ行きたくなるかわからないから、小さいスペースでも毎日出稿したほうがいいですよって提案したら、面白がってもらえて。

コピーライター側のメリットで言うと、多種類のコピーを出せる広告は、ある意味、検証できるチャンスも多いということ。自分が面白いと思っていたコピーが世間ではあまりウケなかったり。ＴＣＣの審査会でも、選ばれるものと選ばれないものがわかったりする。「ああ、こっちを良しとするのか」って、実際の出稿の中で調整していけたのはよかったと思っています。

岩田　量を書いてみないとわからないことがありますからね。僕も書きながら考えているところがある。そうやってたくさん書き散らかしたコピーを並べてみると、自分の思考回路がわかります。商品に近いところから書いていって、だんだん時代性を入れ始めたな……って。

書くことで考える幅や角度が広がっていくことは、たしかにあると僕も感じます。逆に言えば、半ば強制的にでも幅を広げていかないと量は書けない。そこから考えてもみなかった可能性が見えてきます。これって本当に自分が見つけたんだっけ？　と思うような視点がぽろんと出てきたり。それは、スローガンのような、一本にギュッと濃縮したコピーを考えるときにも同じで、まずはたくさん書いて、そこから絞っていくわけです。

ところでおふたりとも、今でも普段からコピ筋を鍛えることはしてますか？

岩田　養命酒時代に話は戻っちゃいますが、当たり前ですけど広告する商品は毎回養命酒。肉体疲労と冷え症と胃腸虚弱、虚弱体質のことだけ考えていればいいんですね。でも、自分の発想の範囲なんてたかが知れているので、たとえば雑誌を読んでみるんです。で、インタビューとかで誰かが「疲れた」ことを違う言い回しで言ってたりするとすかさずメモする。冷え症だからお風呂がすぐぬるま湯になっちゃうんです……なんて言っている人がいれば、それもメモしたり。その言葉を、うまく伝わるような型に仕立ててあげるわけです。つまり、目的をきちんと決めておけば、自分の周辺から言葉を探すことはわりと有効。単に「いいフレーズを集めよう」だけでは、たぶんあまりコピーには活かせないと思うんですが。

玉山　僕は、世の中の広告を見てパッと「良い・悪い」の判断をするようにしています。何がいいのか、悪いのか、瞬時に自分なりの理由をその場で考える。プレゼンや打ち合わせの場で、とっさに何か言わなきゃいけない時のトレーニングになっている気がします。考えた履歴のストックは必ず自身の血肉になる。それからスクラップ。自分がいいなと思った新聞広告を切り取って、業界誌も気になった部分はスクラップしています。そこの労力は惜しまない。新聞広告は十五年分。業界誌のスクラップブックも七冊目に。コピーが出ないな……ってときに見ると、これがすごく良い参考書になるんです。

これからのコピーライター。

玉山　それにしても今、コピーライターになりたい人が減ってきている気がするね。

もう流行らないとか、面倒くさそうと思われているんでしょうか……。そういえば、若いコピーライターと打ち合わせをするときに、平気で案を持ってこない人が多くてびっくりします。

玉山　広告業界が「仕組みオリエンテッド」になってる。ここの言葉をどうしよう、デザインをどうしよう……じゃなくて、何か新しい仕組みをつくることが大事だと思われていて、実際、クリエイティブの部署にいなくてもクリエイティブなことはできますし。ものをつくる既得権がある意味で開放されて、ちょっと気の利いた言葉を書いて企画書を持っていけばつくった気になってる人もいたりして。

岩田　コピーっぽいものを添えて新しいことはこれだ！　って言い張れば、通ってしまうところがありますね。言葉は伝わればそれでいいって。でも、その言葉が世の中に出たときに、本当のプロが書いたものと比べたら、熱量の差や新鮮さが全然違うはずなんですけどね。

「仕組みオリエンテッド」ということで言うと、僕はやっぱり、自分の専門性を持った上でものごとを判断している人しか信じられないし、自分自身もそうでなければいけないと思ってます。「器」をつくる人はそのプロフェッショナルに徹して、「中身」をつくる人──コピーライターは映像であろうが、B倍ポスターであろうが、デジタル媒体であろうが、良い言葉を書くことに集中する。原理的な考え方かもしれませんが……。

玉山　これからコピーライターは、言葉に対してどれだけ粘れるかということがますます大事になってくるかもしれないね。いかにコピーに対して誠実でいられるか。採用されないかもしれないコピーもたくさん書かないといけない、ぎりぎりまで時間を使って。１００％、力を尽くしたと思っても、もうないと思っても、それでもあとから見返したときに、別の切り口が見つかったり。果てしないんだけど……。

話は変わりますが、最近思うのは、コピーライターって、どこか芸人に似てるかもしれないと。コピーがうまい・へたとは違う別の軸でも評価される人気稼業というか。

コピーライター＝芸人！　たしかに、「その人が書いたから信じられる」みたいなこ
とってあります。

玉山　コピーライターの力量って何なんだろうと考えた時に、まず、当然なんですが、実作業において書く力があること。「君がチームに入ってくれたおかげでこの仕事がよくなった」と言われること。もうひとつ、また一緒に仕事をしていきたいと思わせる雰囲気というか心地よさもあると思う。言い換えれば「技術」と「人柄」と言えるかもしれない。技術だけでもダメ。人柄だけでもダメ。それはきっとコピーライター

だけでなく、すべての職業においてそうだと思う。仕事って、嫌なことの連続じゃないですか。その中でみんなと良好な関係をつくりながら、いかにいいアウトプットにまで持って行けるか、そういう人間力も立派なスキルだと思う。で、もちろん書く腕も絶対に要るし、両方あわさったのがコピーの「芸」なんじゃないかって思いますね。

言葉を扱うプロとして。

いろんな事情で最終的に形にならないことって、この仕事、すごく多い。たとえばそんなときでも「この人と一緒にやれてよかったね」と思ってもらえる「読後感」まで、プロならば気を配るべきですね。

玉山　コピーライターって言葉を磨くことにすごくこだわりますよね。でも、コピーではそこまでこだわるのに、自分の喋る言葉だったり、メールの言葉だったり、企画書の言葉だったり、自分から発せられるすべての言葉に、なぜこだわらないんだろうって思うようになったんです。コピーを考えるって、つまり人の気持ちに立ってみるってことですよね。その素晴らしい技量をもっと違うシーンでも活かすことができるんじゃないか。

仕事についてもあらためて思うんですが、ひとつの広告ができるまでには、さまざまな分野のプロフェッショナルが力を合わせています。そのため、コピーライターはコピーを書くことだけに集中できる。その環境をまずは有り難く思わなければいけないし、そこで言葉のプロとしていい働きをし、その仕事に良い影響を与えていくことが何より大事だと思っています。

岩田　言葉の使い方ひとつで、コミュニケーションの質は全然違ってきますからね。広告も同じ。どういう媒体で使われるか、誰が言うか、どんな大きさで掲載されるかによって伝わり方は全然変わって、その企業や商品の人格が決まってくる。

だから、厳密に言うと、言葉だけ考えているコピーライターっていないはずなんですよね。ちゃんとしたコピーを書く人は、クライアントが抱える課題を解決するコミュニケーションの方法を考えて、それを言葉にするところ……とやってるわけなので。単にいい言葉を書くからということじゃなく、その仕事のプロセスから結果まで、全部を計算できるコピーライターが仕事に呼ばれるし、すべての言葉の責任者として見てもらえるんだと思います。

ドリル

ここ数日間で目についたコピーを3本書き出してみよう。
そのコピーが生まれたプロセスを想像しながら、
コピーを「因数分解」してみよう。

第4章　コピーの人格を育てよう。

コピーにとって、人格とは?

最も尊敬するコピーライターのひとりに、秋山晶さんがいらっしゃいます。サッポロビール「男は黙ってサッポロビール」、キユーピー「野菜を見ると、想像するもの。」、JＰHONE「私を、私たちにする。」、ポカリスエットのCMなどなど……。枚挙に暇がないほど素晴らしいコピーを生み出し続けている、コピーライターのゴッドファーザーのような方です。畏れ多くも秋山さんのコピーの真髄は、そこに秋山さんが「いる」点にあるのではないか。僕は勝手にそう解釈しています。

秋山さんの描く商品と、その周りの世界。その中心にはいつも秋山さんご自身がいて、その世界の中で呼吸をしながら、その世界を秋山さんの視点で緻密に描写していく。ゆえに、その世界には音や匂いや空気があって、僕らはいつの間にかその世界の中に引き込まれている。だからこそ、コピーを読み終わると、自分もその世界の住人となって、その時間を共有したかのようなカタルシスを味わうことができる。そう思うんです。

秋山さんの書かれたコピーは、すぐに秋山さんのものだとわかる。他の人がマネをしようと思っても、何となくわかってしまう。秋山さんにしか書けない、骨太なコピーの世界。クライアントの方々も、その濃密な世界に魅せられ、その世界の続きが知りたくて、秋山さんに仕事を依頼するのではないでしょうか。あくまで僕の想像ですが……。

この章で僕がお話しさせていただこうとしているのは、コピーの「人格」の話です。秋山さんだから描ける言葉の世界。僕だから描ける言葉の世界。あなただから描ける言葉の世界。その「人格」を掴むことこそ、コピーライターの絶対条件であるし、自らの「人格」を掴めればこそ、コピーを書くという行為において、さらにもう一段高いところにある地平線を見つめることができるんじゃないか。そう考えています。

誰でも書けるコピーは書かない。

コンビニで週刊誌を買って読むと、あることに気づきます。それは、同じ事件を題材に取り上げた記事であっても、目のつけどころも、事件に対する感情も、語り口も、それぞれの週刊誌によってバラバラであるということ。新聞もそうですよね。これが「視点」つまり「論調」ということになりますが、この本では「人格」と呼ぶことにします。

ある事件が起こる。僕たちは雑誌の人格と自分の知りたいことを重ねあわせて、読む雑誌を選ぶ。自分の知りたいトピックに対して、この雑誌はそれをどう説き、どんな気づきを与えてくれるのか？　これがもし、人格が崩壊していて、視点と意志がバラバラの雑誌だとしたらどうでしょう？　僕たちはその雑誌に、安定した期待感を抱けるでしょうか。

もちろん、あなたが特定の雑誌の編集者やライターでないかぎり、ひとつの人格をすべての仕事に共通させる必要はありません。しかし、「この人はこういうモノの見方で、こういう言葉を生み出す人だ」という共通認識を周りに抱いてもらうことは極めて大切です。

僕たちコピーライターの仕事は、基本的には人から依頼されて初めて成立する仕事です。「あの人に頼めば、こういう感じの言葉を書いてくれるはずだ」「こういう仕事は、あの人ならうまい言葉を書いてくれそうだ」と言われやすい人の方が、たくさん声を掛けてもらえる可能性が高い、とも言える。つまり、コピーライターとしての人格がハッキリしている方が、いろんな仕事から声を掛けてもらえるとも言えますよね？

あなたがどんなスタンスで、この世界と向き合い、どんなふうに世界を見つめ、どんな意志でもって、どんな言葉を生み出すコピーライターなのか。あるいは、なっていきたいのか。書き手としての人格を、自分でしっかりと見つめ直した上で、自分がどんな言葉を生み出すコピーライターになっていくのかの道筋を引いてみることは、決して無駄な作業ではないかもしれません。

コピーライターの講座などで教壇に立たせていただくと、ときおり感じることがあります。それは、受講生の方々が正解を強烈に求めるということ。この課題の場合は、どういう切り口が「正しい」のか？　どんな言葉の見つけ方が「評価される」のか？　そういう類いの質問をされるたび、なんかちょっとおかしなことになってるぞ……と思うんです。

広告コピーに正解なんてないですよね？　ましてや、解答例なんて絶対に存在しない。それよりも、自分の人格を通していかに新しい驚きをもたらすことができたか？　いかに瑞々しい発見を掴み取れたか？　の方がはるかに重要です。

誰が書いても同じ、みたいなコピーばかり書こうと思っていたら、絶対に成長なんてできないと思う。それよりも、「自分だからこそ書けるコピー」をコンスタントに生み出せるための筋力を、地道に身につける方が重要。そのヒントを、もう少し書いてみようと思います。

読書感想文で覚えた、ある強烈な「違和感」

小学生の夏休み、読書感想文の宿題がありましたよね。僕、あれが本当に嫌いでした。なぜかというと、僕の小学校では感想文の書き方に厳しいルールがあったから。まずは、本のあらすじをざっとまとめる。その上で、全体を俯瞰した感想を書く。そのあとで、ディテールについての考察を一章から順番に書き連ねていく……。それを徹底的に強制されたし、そのルールの中で書かないと、「国語が苦手な子ども」というレッテルが貼られた。

今にして思えば、そんなフォーマットなんてどうでも良くないですか？　本を読み終わった感想なんて、人それぞれですもん。そもそも、課題図書を面白かったと感じたか、それともつまらなかったかだって、その人次第。感じ方は人それぞれなのだから、その気持ちをストレートに言葉にしていくことこそ、読書「感想文」なんじゃないだろうか……なんてことを子どもの頃の僕が考えていたかどうかはともかく、当時は文章を書くのが苦痛で仕方ありませんでした。

どうして、自分の思った通りに書いちゃいけないんだろう。その時感じた違和感が、今、コピーを書く上で重要な意味を持つ感情として僕に作用している気がします。どう言うことか？

キャッチコピーを書きなさいと言われると、いかにもキャッチコピーらしいコピーばかり書いてしまう。どこかで見たことあるような言葉を、無意識になぞってしまっていることに気づく。ボディコピーを書きなさいと言われると、「上手に説明しないといけない」という観念にとらわれて、ついつい四角張った固い言葉ばかり書き連ねてしまう。そんな感覚に陥ったことがある人は多いと思います。かつては僕もそうでした。けれどコピーって、もっともっと自由演技でいいはずです（これ、この本を通して僕がお話ししようとしていることです）。

自由演技でいいというのは、その商品に触れる中で自分が感じたことや考えたことが、生の状態できちんと言葉で表現されている状態をつくろう、ということでもあります。誰が書いてもほぼ同じ。そんな味気ないコピーを、世の中の人は本当に読みたいと思ってくれるでしょうか。そんな都合いいものじゃありませんよね、広告って。

その文章の中に、書き手の意志や感情が乗っているからこそ、「この商品には、そこに新しさがあるのか」「この商品には、そんな期待が持てるのか」と人は感じてくれるはず。これこそ、僕の言うコピーの人格を形づくるエネルギーです。

型にはまらず、いかにもコピー的な言葉に安住せず、その商品に触れた時の気づきや感情をストレートに表現すること。あなたの書く言葉に、あなただけが持つ人格を宿らせること。最初は勇気のいることかもしれませんが、一度、その感覚を掴んでしまうと、書くことが何倍も刺激的になるはずです。

なぜ、商品説明書は読む気が起こらないのか？

日常生活を見渡して、もはや悪魔的と思えるほど読みたくない文章と言えばあれですよね？　商品の取扱説明書。説明なんて必要ないんじゃないかと思えるほど役割が明確な冷蔵庫にさえ、百ページに及ぶほどの説明書がついていたりします。最近は「かんたんガイド」みたいなダイジェスト版を添付するのが流行みたいですが、このかんたんガイドさえ、何を言っているのかよくわからない。まったくもう！　そもそも説明書を読みこなせないと言うことは、僕の家電偏差値が異様に低いということなのか？　いつもそこにモヤッとしたものを抱いてしまうのは、はたして僕だけでしょうか……？

なぜ商品説明書のたぐいは、あそこまで読みづらいのか？　自分の根気のなさを棚に上げて、自分なりに考えてみました（メーカーの皆様、ごめんなさい！）。それは、「相手を楽しませようという文章の働き」がまったく存在していないからなんじゃないでしょうか。商品説明書の役割は、商品を説明すること。当たり前のことですが、それ以上の機能は期待されていません。ですから、書く側の人もその点だけに注力して文章を書いている。このボタンを押すと、こういうことが起こります。こういうことが起こった場合には、このツマミをこう押し上げてください。以上。そこには、書き手の意志や、相手を楽しませるための仕掛けは必要とされていない（おそらく）。つまり、商品説明書の文章には人格がない。だから、読む側として楽しめる要素がほとんど存在していない。　商品について理解する、という目的に応えるために機能するコピー。それが、商品説明書の言葉です。日曜の午後に、コーヒーを淹れながら商品説明書をゆっくり眺めて楽しもう、なんて人は家電オタク以外まずいませんよね？　つまり、娯楽のための文章ではない、ということになる。

一方で、僕たちの書く文章は広告コピー。コピーライターとは、何より人の興味を引きつけ、途中で飽きることなく読み切ってもらうための文章を書くことを義務づけられた仕事です。いかにしてページをめくる手を止めさせるか。いかにして最後まで読み進んでもらえるか。それを強烈に要求される仕事です。だとするとやはり、必要なのは読む人の期待に応える人格ということになると思うんです。

人は「情報」でなく「人格」を読んでいる。

「人格」が読み手に与える影響について、もう少し考えてみます。僕は九十年代の欧州車が好きで、幹線道路沿いのディーラーにたまに出かけては、お目当てのクルマを眺めたり、カタログをもらって事務所で読み返しながら様々な妄想に耽るのが大好きです。おのずと、いろいろな種類のカタログに目を通すことになるのですが、それぞれのメーカーごとに人格があって、とても楽しいんです。あるメーカーは、自社の技術についてストイックに滔々と語る。あるメーカーは、インテリアの重厚感を情緒たっぷりに語る。ある外国車メーカーは、そのクルマを手に入れることの優越感を、色気たっぷりに語る。

カメラマンが、クルマを最もスマートに見せるアングルを見つけ出し、ボディが最も艶やかに見えるライティングで写真を撮影するように。カタログの書き手も、お客さんの購買意欲を心地よく刺激するポイントを見つけ出し、ブレない人格をつくり上げている。そんな印象を受けます。僕を含めたお客さん側も、その人格に期待してカタログを手に取っている。スペックの見きわめも大事ですが、カタログを読んだ先に、どんな感情をもたらしてくれるか？　に期待して、カタログを開いている気がします。

つまり、僕らが読んでいるものは、「情報」ではなく「人格」。このエピソードに象徴されるように、書き手として読む人に届けるべきは、やはり人格なのではないでしょうか。その商品を手にしたとき、どんな自分になれるのか？　その商品があることで、毎日はどう変わるのか？　その「気分」を待っている人に、「人格」でそれに応えていく。それが、コピーライターの仕事であると僕は考えます。

人格形成のために必要なこととは？

秋山晶さんは、幼少期からアメリカのカルチャーに触れて育ち、学生時代には銀座に出かけ、エスクァイアやニューヨーカーなどの洋雑誌を買い求めては読み耽っていらっしゃったそうです。この時点でもうすでに、二十五馬身ぐらい離されている気がしますが……。そんな秋山さんだからこそ、キユーピーのブランド広告で、アメリカの短編小説を思わせる、物語性が濃密な雑誌広告のシリーズをお書きになることができたはずです。たとえば僕が急に「この仕事、潤平に引き継ぐことにしたから後はよろしく」と頼まれたとしても、絶対に書けません。理由は明白。僕には秋山さんがお持ちの文化的なバックボーンがこれっぽっちもないからです。いくら憧れているからと言っても、できないものはできません。

それでは、秋山さんのような特別な知識や経験を持っていないと、コピーライターとして言葉を生み出すことはできないのか？　そんなことはありません。どんな人にもそれぞれ、数十年の人生を通して積み重ねてきた経験と記憶がある。そして、何かを経験するたび湧き上がる感情がある。

たとえ千葉の退屈なベッドタウンで育ち、特別な教育を受けたわけでもなく、ファミコンもへたで、バスケ部ではずっと補欠だったとしても、そんな少年ならではの記憶や、歪んだ感情の蓄積がある（僕のことです）。その蓄積を自分のバックボーンに、世の中との向き合い方や、感じ方の基礎をつくる。それがコピーライターとしての人格をつくる第一歩であるように思えます。

二章でも書いたことですが、自分が経験していないことを、言葉で表現することはできません。つまり、なるべく多くの経験を獲得している人の方が、人格形成のための材料が豊富にあるということでもあります。しかし、それぞれの経験は必ずしも特別なものである必要はないと思うんです。

たとえば、ヒッチハイクで世界を一周した経験は、他の人には決してできないスペクタクルな蓄積です。が、その道のりで何を考えたか？　どんな感情を味わったかの方がはるかに大切。この夏、小学生のとき以来、久々に朝顔を育ててみた。たとえばそんな些細な出来事でも、そこから感じ取るものが自分にたくさんの気づきと感情を与えてくれたならば、それは書き手としての自分にとっては掛け替えのない極上の経験です。朝顔が芽を出したら、突然、毎朝の天気が気になり始めた。葉の間にできた蜘蛛の巣の美しさに驚いた。土の匂いを久しぶりに思い切り吸い込んだ。二十年ぶりに、繊細な種に触れた。そんな、ひとつひとつの経験と感情の積み重ねが、コピーライターとしての人格の原料になっていく。「あなた」という人格だから見つめることのできる世界を言葉にしていく。この感覚は、コピーライターだけが味わえる醍醐味のひとつかもしれません。

結局、自分は何が好きで、何が嫌いか？

つまるところ、好きなものを掘り下げていくことのできる人から、人格をつくることができるのかもしれません。アメリカのカルチャーが好き。イギリスの音楽が好き。デザイン家電が好き。競馬が好き。ひとり旅が好き。落語が好き。アイドルが好き。寿司が好き。サッカーが好き。アウトドアが好き。引っ越しが好き。パーティーが好き。

自分が好きなものを貪欲に掘り下げていくと、その周辺にある歴史や文化、それにまつわる人間関係なんかが、知識としてどんどん自分の中に取り込まれていきますよね。そのエネルギーが強い人は、人格を見つけ出すのが案外簡単かもしれません。

逆の視点から言うと、広く浅く、流行の波に漂うタイプの人は、好奇心の軸足がなかなか定まらず、人格がフワフワしがち、ということもあるかもしれません。自分が心から好きと感じるものは何か。自分がとことんこだわれるものは何か。逆に、自分が苦手と感じることは何なのか。それをきちんと把握することと、人格をつくることは、意外と近い作業かもしれません。

一般論より、主観論。

ここまでいろいろな角度から書いてみましたが、つまるところ、コピーにおける人格とは何なのか？　それは、あなただから見つけられる発見を、あなたなりの言葉で表現することに尽きると思います。

それは必ずしも、自分の知識や自分の文章のスタイルに固執するということではありません。あなただから見つけられる発見を、あなたなりの言葉で表現すること。そのために必要なのは、あなたが日々の生活の中で、何と出会い、何を知り、何を経験し、何を感じてきたかということなのではないか。というのが僕の仮説です。

こういう生き方をして来たから、こういうものの見方ができる。こんなことが好きだから、こんな知識を持っている。だから、目の前の商品をこう捉えて、こんな言葉で表現することができる。それが「人格」です。

一般論じゃなく、主観的な方がいいと思うんです。みんなが理解できそうなポイントを探るのではなく、自分が思い切り表現できる土俵で、フルスイングする感覚で言葉を生み出す。独りよがりだと思われても、まずはそれができないことには、いつまでたっても「誰が書いても同じ」なコピーから抜け出せないと思います。

今日からは、一般論は禁止！　そもそも、誰でもちょっと考えれば見つけることのできる発見なんて、新鮮味がなくてつまらない。というか、そもそもあなたにコピーを依頼しなくても、クライアントの担当の方が書けてしまうはずです（これ、自戒を込めて書いていますが……）。

あなたの人格の力でもって、そこから脱却すること。自分の目で商品を見つめ、自分の手で商品に触れて感じたストレートな感情を、自分の言葉でコピーにする。最初はうまくいかないかもしれない。それでも、人格が成熟すればするほど、書ける言葉の幅と深さはグッと増してくるはずです。

あなたのコピーに、あなたはいますか。

コピーにおける人格について、しつこいぐらいにお話ししてきました。かくいう僕も、そのことに気づいたのはつい最近のことです。

フリーランスになってから、「あの仕事、潤平っぽいね」とか「潤平さんらしい言葉でお願いします」と言われることが急に増えだして。あれ、自分らしさってなんだろう……なんて、なんだか思春期の少年みたいですが。周りが思う僕らしいコピーとは何か？　そのことを一度きちんと見つめ直す必要があるように思えて、自分の書く言葉を自分なりに捉え直してみたときに、浮かんだキーワードが「人格」だったんです。

僕たちフリーランスのコピーライターは、いわゆる、誰でも書けるようなコピーで終わらせることは許されない。再三書きますが、クライアントや広告会社の方々は、貴重な予算の中から費用を捻出して僕を仕事に呼んでくださるわけです。わざわざお金払ってるのに、あれ？　これって意外と普通のコピーじゃん。そう思われてしまうのが何より怖い。商品と誠実に向き合いながらも、自分だからこそ見つけられる発見と、自分だからこそ言葉にできる感覚を磨いていかないと、たちまち僕は市場価値を失う。つまり……食っていけなくなる！　強迫観念にも似たこの感覚は、今も自分を支える原動力のひとつになっています。

僕の場合は、自分の置かれた環境が人格という考え方を導きだしてくれましたが、あらためて周りを眺めてみると、偉大な先輩たちが書かれるコピーには、他にふたつとないほど強烈な人格が宿っています。

おそらく人格は、簡単に見つかるものではありません。書いて書いて、何度もダメ出しをされ、机に突っ伏したまま朝を迎える。そんな日々を繰り返すうちに、やっと尻尾が姿を現すものかもしれません。自分の言葉に宿る人格を、いきなり決めつけようとするのでなく、いろんな試行錯誤を繰り返しながら、少しずつたぐり寄せていく。その道のりこそ、コピーライターとしての成長の道筋なのかもしれない。そういう意味では、僕もまだまだ道の途中であることを強烈に自覚しています。

それでも、ボンヤリと「自分の目指す人格はあのあたり」と目標を定めておくことは大切。目指すべき場所へ向かって、一歩ずつ歩みを進めていけば、ダメ出しの嵐も、絶望の夜も、やがて意味のあるものに変わっていくはずですから。

ベネッセコーポレーション／進研ゼミ高校講座
東大特講√T、京大特講√K　新聞広告（2006年）

佐野研二郎CDのもと、進研ゼミ高校講座の新ブランド「東大特講√T」「京大特講√K」のネーミングと立ち上げのコミュニケーションを担当。東大・京大受験は、テクニックより本当の実力が試される。そこに挑む受験生たちをストレートな言葉で鼓舞した。

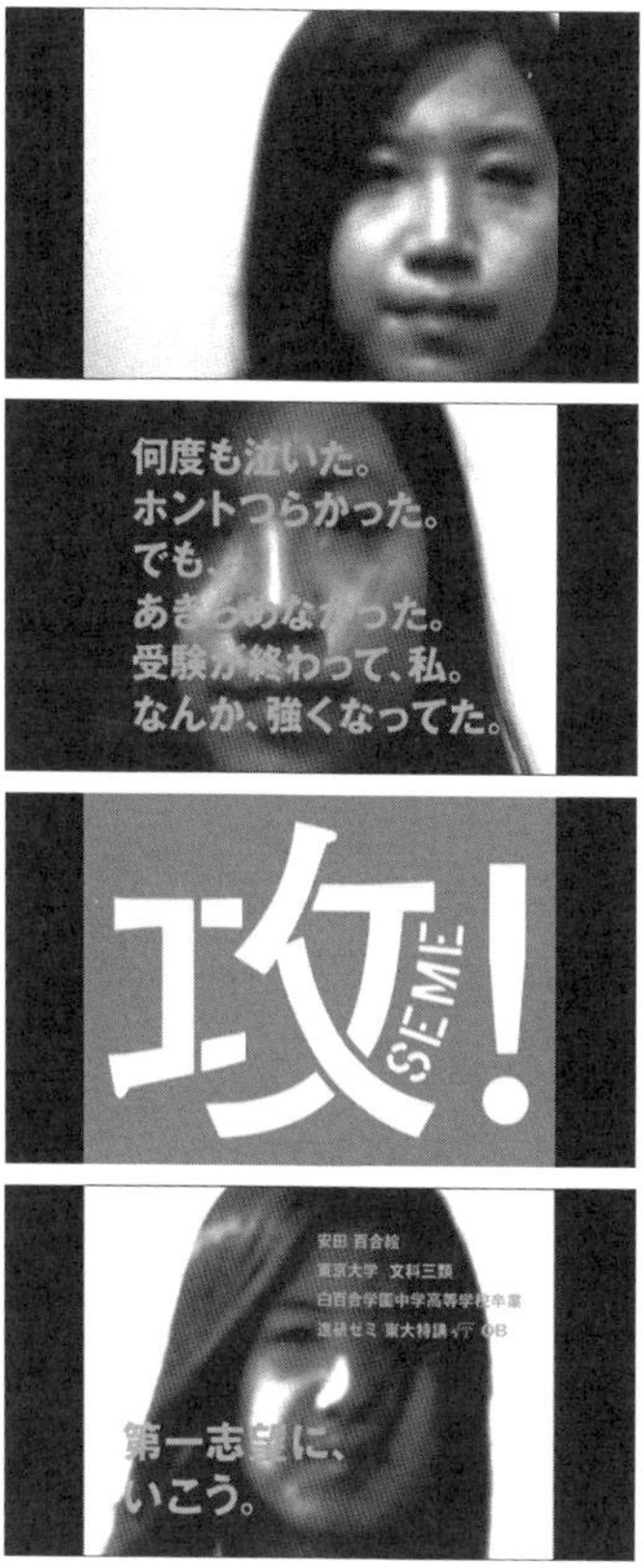

ベネッセコーポレーション／
進研ゼミ高校講座　「安田さん」篇
CM（2009年）

前に向かって力強く歩く進研ゼミOBの東大生。S「何度も泣いた。ホントつらかった。でも、あきらめなかった。受験が終わって、私。なんか、強くなってた。」S＆N「攻！第一志望に、いこう。進研ゼミ」

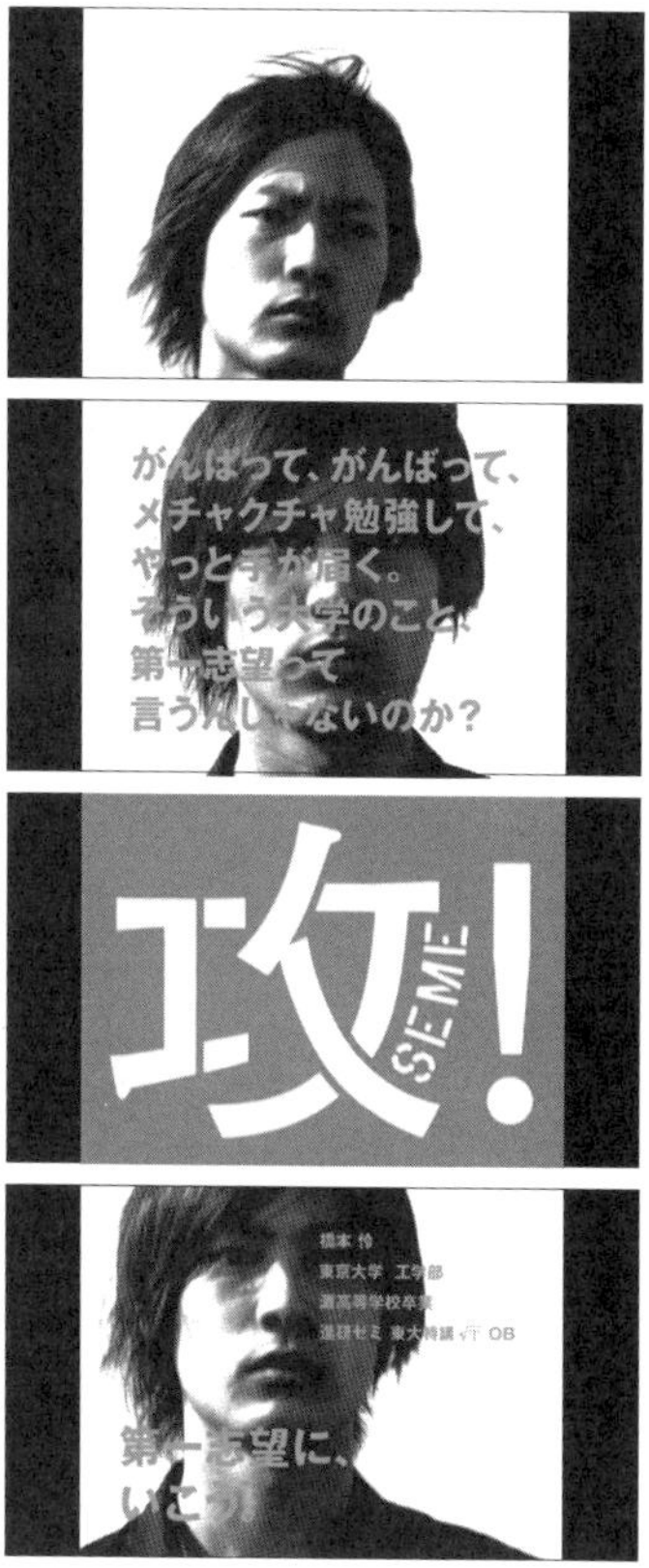

ベネッセコーポレーション／
進研ゼミ高校講座　「橋本さん」篇
CM（2009年）

まっすぐに前を見つめ、歩を進めていく進研ゼミOBの東大生。モノローグが重なる。S「がんばって、がんばって、メチャクチャ勉強して、やっと手が届く。そういう大学のこと、第一志望って言うんじゃないのか？」S＆N「攻！第一志望に、いこう。進研ゼミ」

ベネッセコーポレーション／進研ゼミ
新聞広告（2013年）

進研ゼミの学びに対するスタンスを決意表明する新聞広告。小、中、高各ゼミの教材を制作している編集長に対して、丸一日かけてヒアリングを敢行。3000字を超えるボディコピーで、自学自習にかけるベネッセの熱い想いを語りきった。

ベネッセコーポレーション／
進研ゼミ「チャレンジタッチ 発進！」篇
CM（2014年）

目の前に現れた「チャレンジタッチ」タブレットに興味津々の子どもたち。自分で操作しながら問題にトライする。N「わかるっておもしろい。そんな当たり前のことをもういちど見つめ直したら、まったく新しい進研ゼミが生まれました」「わかる→たのしい→だからつづく。チャレンジタッチ、発進です。」S「進め、学び。」

ベネッセコーポレーション／
進研ゼミ「進め、学び。夢中になれる」篇
CM（2014年）

スクリーンに映し出されたアニメや映画のキャラクターたち。夢中で勉強する彼らの姿を、子どもたちが見つめている。N「好きだから、夢中になれる。夢中になれば、力が伸びる。そんな勉強で子どもの力を伸ばしていく」S＋N「進め、学び。」N「進研ゼミが変われば、学びの未来も変わるはず」

クライアントから見たコピーの話③

ベネッセコーポレーション
池野由布子さん

　こちらの課題を大きな視点でとらえてくれる、そんなコピーライターさんと一緒に組みたいなと思います。我々事業側は、どうしても広告であれもこれも言いたくなるものなのですが、その一端を切り取っただけのようなコピーではなく、ジャンプして、ひとつの大きな言葉にして返してくれることを期待したい。潤平さんのコピーはまさにそうで、その商品やサービスが出ることによって学びや世の中がどう変わっていくのか、そこまで照らしてくれる言葉です。だからターゲットである子どもや保護者はもちろん、誰もが自分におきかえて感じることができるのではないでしょうか。

　これは「本質」を見ているからできることだと思います。今はクロスメディア広告など、いろいろなメディアを使って相乗的にターゲットに訴えるコミュニケーションもありますが、でも結局、受け手としては、その瞬間に見た言葉やビジュアルにグッとくるかどうかがすべてですよね。

　進研ゼミ高校講座のリブランディングを潤平さんにお願いしたとき、「攻!」というキャッチと一緒に、「がんばって、がんばって、メチャクチャ勉強して、やっと手が届く。そういう大学のこと、第一志望って言うんじゃないのか?」というコピーがあがってきたんです。

大学全入時代、寄り添い型学習が主流の現代に、逆行しているような姿勢の言葉ですよね。でも見た瞬間、子どもに限らず、ひとりひとりの心にある「本気」を呼び起こし、奮い立たせるメッセージになると思いました。実際、高校講座を担当しているチームから、「自分も頑張ろうと思った」「誇りを持てた」という声があがったんです。泣いた者もいたくらいで、今でも話題にのぼります。

この広告、コピーもシャープですが、グラフィックやCMの画も、ベネッセの広告にしてはトーンが暗いんですよ。ポジティブではあるのですが、モノクロでロックな感じ(笑)。そのイノベーティブなところが人の心を動かすのでしょうが、ときには社内で案を通すのが大変なこともあって。でもそこは私も頑張って戦います。

潤平さんと仕事をご一緒すると、いつも「プロのクライアントでありたい」という気持ちにさせられるんです。会社の事情でなく、担当者として、オリエンする内容に本当に納得できているか。制作者側から提案されたことに真摯に向き合えているか。つねに問われているような気がします。良い意味での緊張感を持たせてくれる、そんな制作者の方はなかなかいないと思います。

ドリル

これまで書いたコピーの中から「自分らしい」と思うものを3本書き出してみよう。これまで書いたコピーを誰かに見せて「あなたらしい」と思うものを3本選んでもらおう。そこから、何が見えるか？

「自分らしい」と思うコピー

「あなたらしい」と思われたコピー

第5章

ビジュアルを引っ張るコピーの筋力を養おう。

コピーライターにだけ、できないことがある。

コピーライターの仕事って、いわば中間業なんですよね。新聞広告に交通広告。テレビCMからラジオCMまで。日夜、あらゆるカタチの広告づくりに携わっていますが、コピーライターは、決して自分の手では「納品」することができないんです。何と悲しくて切ない仕事でしょう。でも、それが現実。グラフィック広告ならアートディレクター（この章では以下ADとします）、映像なら演出家、ラジオCMならミキサーさんに、自分の言葉や企画をカタチにして仕上げてもらわなければならない。

とすると、コピーライターにとって、いい相棒を持つことは極めて大切ということになります。自分の書いたコピーの意図を確実に理解し、その言葉の持つ力をしっかりと引き出してくれるADや演出家と仕事をすることは、書き手としてとても重要なポイントのひとつであると考えています。

にもかかわらず、若いコピーライターと話をしていると、こんなフレーズを頻繁に耳にします。

「ＡＤが要求するような言葉がなかなか書けなくて……」

「ＡＤにコピーを書き換えられてしまって……ショックです」

うーん……わかります。僕もまったく同じような経験を何度も何度も重ねて、やっと……いや、今でも似たようなことがたまにあるんです。悔しいですよね、腹が立ちますよね。でも、その仕事が終わった後でいつも思うんです。あ、あのときＡＤが言ってたこと、やっぱり正しかったかもな、と。

広告は、コピーが引っ張る（はずだ）！

デザインが、いわゆる「美しく、実用的に意匠する」というデザインそのものの枠を超え、企業の顔づくりや、コミュニケーションの中心に存在するものとして、世の中を当たり前のように動かすようになりました。これはあくまで私見ですが、広告キャンペーンそのものも、基本的にはＡＤを中心に据えながら全体が進んでいくことが圧倒的に多いような気がします。

あまり語り過ぎると、ＡＤの方々にお叱りを受けてしまうかもしれませんが、そんなわけで「広告は今、デザイン中心の時代である」的な空気が蔓延している時代に、僕はコピーライターの仕事を始めました。身の回りは本当に優秀で素晴らしいＡＤの方ばかりで、そんな方たちが打ち合わせでサラッと語る言葉や、その視点のユニークさや、はてしなく粘るその胆力や、いつの間にかでき上がっているカンプの美しさに舌を巻きつつ、打ちのめされた気持ちになった経験が、自分の原動力になりました。

それでも、あえて言いたい！　広告って、やっぱり言葉ですよね。言葉はつねに真ん中で仕事をすべきで、デザインの添え物であってはいけない。渾身のコピーをＡＤが原稿の片隅に「注釈か!?」と言いたくなるぐらいのサイズでレイアウトしたとしても、それはＡＤの感性の問題ではなく、我々の力不足なのです。

なるべく真ん中で、なるべく大きな仕事をする。それが、コピーライターの役割だと思うし、僕はそういうコピーを書いていきたいと思っています。

コピーは「先出し」の鉄則。

コピーライターの数だけ、仕事のやり方があると思いますが、僕が心がけているのはつねに「先攻」を取ることです。

具体的に言うと、誰よりも早くコピーを出す。よく、その仕事が動き出したばかりだと「軽くブレストする感じで、具体的なアイデアは持ち寄らなくていいよね」的な打ち合わせから始まりますよね？　その時に、もうコピーを持っていく。見当違いでも何でもいいので、とにかく自分が考えていることを紙に書いて持っていく。（ちなみにこのタイミングだと、そもそもまだ誰も真剣に考え始めていないので、どんなにピントが外れていても、決して怒られることはありません）

それを根気よく続けていくと、僕の書いたコピーがいつの間にか議論の軸になっていって、次回の打ち合わせからは、自ずと自分の書くものに期待が集まってくる。つまり、コピーを中心に、みんなが頭を働かせ始めるようになるんです。

そう断言してしまうことにためらいはありますが、これまでの経験から言っても、早め早めにコピーを出し続けることで、誰よりも早く、核心に近い部分に思考がたどり着くことが多いような気がします。

出し惜しみしたり、他人の顔色を窺ったりしないで、打ち合わせのテーブルに、誰よりも早くに自分のコピーを出す。そして根気よく出し続ける。コピーに対する期待値は、コピーライター自らが上げていかないといけない。そう強く思います。

「絵解きをしたら、そこで試合終了だよ」

もうひとつ、コピーを先出しする上でとても役立つこと。それは、ビジュアルに惑わされないこと。

僕は基本的に、コピーは個人作業だと考えていて、いろんな人とブレストをしながら答えを見つけるということが体質的に合っていないようなんです。一度しっかり時間をかけて、ひとりで考えられるところまで考え抜いてみる。その答えとして、思いつく限りコピーを書く。それを持って打ち合わせに臨む。そこで初めて、自分が他のスタッフと、いわゆるブレストをしてアイデアが出せる状態にたどり着く感じです。

仮に、何も準備しないまま打ち合わせに出て、ＡＤから素晴らしいビジュアルのアイデアが出てきたとします。そうなってしまうと、もうダメです。いくら気にしないように心がけても、思考が勝手にそのビジュアルを追いかけてしまう。それはそれで悪いことではないのですが、その関係性だと永遠に、コピーがビジュアルを凌駕できないですよね？

言葉と絵はつねに対等の立場で緊張し合い、お互いが主張し合うことで広告としてのパワーを高めていくものだと思っています。その視点からすると、この状況は極めて良くないということになるわけです。そうなる前に、こちらが先に答えを見つけておく。なるべく太く、なるべく大きな言葉で。そのためにも、コピーはつねに「先攻」。先に出しておかないとマズイという展開になるのです。

「写真で一言」は、コピーじゃない！

大学生の頃、松本人志さんがやっていた深夜番組「一人ごっつ」の中に「写真で一言」というコーナーがありました。なんてことないスナップ写真に、松本さんがセリフやタイトルをつける。その目のつけどころと言葉の選び方が秀逸すぎて、このコーナー目当てに番組を見ていました。今でも似たようなコンテンツがたくさんありますよね。普通の人が誰でも投稿できるサイト「ｂｏｋｅｔｅ」は、飲みかけのコーヒーを吹いてしまうほど、見ていて面白いものがたくさんあります。

打ち合わせに出ていてよく感じるのですが、いわゆる「写真でひと言」系、つまりビジュアルに対して寄り添うようなアプローチでコピーを書いてくる人がわりと多い。その時点で、コピーがビジュアルを追いかけてしまっている。つまり「絵解き」です。これだと、いいコピーはなかなか生まれない気がします。

強いビジュアルと、強いコピー。ぶつかり合った先に、いい広告は生まれる。だとするとやはり、ビジュアルに影響されない状態で、コピーは書いた方がいい。ちょっと面白いことって、誰でも頑張れば書けると思うんです（たぶん）。けれどコピーライターに要求されるのは、そういう言葉ではないはず。僕たちが書くべき言葉は、人々の心を動かして、商品に興味と期待を抱かせる言葉です。ビジュアルをじっと眺めながら、なんとなく面白そうな雰囲気の言葉ばかり書くのではなく、広告そのものの力を一気に底上げするような言葉を生み出すことに集中する。それこそ、僕たちがつねに心がけなくてはいけないことだと思います。

絵の前後を語る。絵の外側を語る。

とは言え、思いっきり引っ張られますよね。ビジュアルに。僕もいろいろと偉そうなことを書いておきながら、自分の胸に手を当ててみると、毎回うまいことできている感じもしないなと思い始めました。カッコいいビジュアルがＡＤから上がってくると、もう興奮してしまって、このビジュアルにスッキリ収まるコピーを……と考える。今度の仕事はあのＡＤだから、彼のやったあの仕事みたいなコピーがいいかな……と考える。言っていることとやっていることが矛盾しています。

困ったな……そう考えていたときに、すごくいい本に出会いました。ＡＤ寄藤文平さんの書かれた『絵と言葉の一研究』。この本は僕の悩みと正反対というか、ビジュアルを組み立てるＡＤの観点から見た時の、絵と言葉の関係性のお話です。文平さん独特のユニークな視点で言葉を「意味」として因数分解し、絵とのかけ算によって、その意味の範囲が広がったり、小さくなったりしていくのを実証していく本です。（なんて、勝手に定義づけてしまってスミマセン……文平さん）。

この本を読んで、自分の中でハッキリしたことがありました。それは、自分の持っている「イメージ」なんて、無数に存在するイメージの中のひとつに過ぎないということ。ひとつの言葉に対して、イラストで次々に提示される文平さんのイメージは、まったく想像をしていなかった広がりを、僕に見せてくれました。……待てよ、これって逆の関係も成り立つんじゃないか。読みながらふと、そんなことに気づいたんです。

あるビジュアルに対してコピーを書くとき、視点や視野を思いきって変えるだけで、その絵が予想もしなかった「意味」を持ち始める。その意味が新鮮であればあるほど、そこに大胆な裏切りがあればあるほど、ビジュアルの持つエネルギーは高まっていくのではないかと！　……ちょっと、興奮してしまいました。もう少し具体的に書いてみます。

僕の最近の仕事を例に、お話ししてみようと思います。

千葉ロッテマリーンズを長年支え続け、日本一やアジアチャンピオン、さらには日本代表として世界一を掴み取った名捕手、里崎智也選手が昨シーズン（二〇一四年）限りでユニフォームを脱ぎました。これだけ偉大な選手の引退です。感謝と敬意を表して、引退セレモニーを告知するポスターを制作することになりました。

とはいえ、突然の引退発表だったこともあり時間がない。ポスター制作決定から掲出日まで、一週間もありませんでした。撮影なんて不可能です。スタッフ総出で、里崎選手の使用可能な写真を探していたところ、一枚、ピンとくる写真がありました。

©CHIBA LOTTE MARINES

試合中に撮られた、里崎選手の後ろ姿です。これから打席に向かう瞬間かもしれないし、三振に倒れてベンチに引き上げる姿かもしれない。この写真にふさわしいコピーを開発することができたら、ファンの人たちの想いが一気に高まるポスターがつくれるかもしれない。そう直感して、キービジュアルに採用しました。

この写真の世界を、最も豊かに高められるコピーは何だろう……考え抜いて、僕が最初に出したコピーがこれでした。

君の背中に、
スタンド全員が
無限の夢を見た。

書けた瞬間は「いいかも！」と思ったのですが……冷静に考えてみると、すごく意味が狭いですよね。当たり前のことしか言っていないし、そもそも写真の説明にしかなっていない。しかもなんだか、感謝の押しつけのような気もして。そこでもう一度、書き直すことにしたんです。

千葉ロッテファン歴二十年あまり。しかも里崎選手は僕と同い年です。ここで頑張らないで、いつ頑張るのか。そんなプレッシャーで自らを追い込みながら、じっとこの写真を見つめ続けているうち、里崎選手が活躍していた十数年間の記憶が一気に甦ってきました。

三十一年ぶりのリーグ優勝を決めた、福岡での逆転タイムリーヒット。僕はそれを、大雨の千葉マリンスタジアムで開催されたパブリックビューイングで見届けました。

そして念願の日本一。その後の低迷。そして二〇一〇年にリーグ三位からの日本一を決めた快進撃のキッカケとなったのも、ケガから復帰したばかりの里崎選手のバットでした。

里崎選手の背中に、僕らは何度も夢を託し、希望をもらい、ときに裏切られながらも声援を送り続けました。そんなファンひとりひとりが、自分の中にあるいろんな記憶を、思い出を、一気に思い出すキッカケとなるようなポスターにしたい。そう思った時に、新しいコピーが書けそうな気がしました。

強肩。強打。強気。
ライブ。満塁打。下克上。
日本一。アジア一。世界一。
涙。笑顔。大天使。
君がいたから、すべてが変わった。

考えたのは、コピーがもたらす「意味」を、ビジュアルの内側ではなく外側へ向けるということ。コピーが呼び水となって、ポスターを見たファンひとりひとりが、それぞれの「物語」を組み立てることができる。そんなコピーを目指しました。

つまり、結論ではなく始点としてのコピー。百人ファンがいれば、百通りの里崎選手への想いがある。記憶がある。それを呼び覚ます、起爆装置のようなコピー。

ファンでない方にとっては耳慣れない言葉もいくつか並んでいますが、選手との絆が強い千葉ロッテファンに対してのメッセージであるからこそ、叶えることができたコピーのあり方かもしれません。

千葉ロッテマリーンズ／里崎智也選手引退
ポスター（2014年）

理想は、ノンビジュアル。

ここまで、コピーとビジュアルとの距離感について、お話をさせてもらいました。コピーがなるべく真ん中で、なるべく大きな仕事をするためには、ビジュアルに寄り添うのではなく、ビジュアルとぶつかり合って互いに高め合うようなアプローチで、というのがその主旨でした。

コピーを書く時、僕はいつも「文字原稿」、つまりビジュアルがない状態でこのコピーがどれだけ力を持ちうるか、をイメージして書いています。ビジュアルの力がなかったとしても、伝えるべきことをちゃんと伝えるメッセージになっているか？　たとえ、その後でＡＤから力強いビジュアルが出てきたとしても、その検証が済んでいれば、自信を持ってそのコピーを送り出せるはずです。言葉だけで、すべてを担えるか、否か。自分の書いたコピーの力を推し量る上で、ひとつ大きな指標になるはずです。もちろん、そのままほぼ文字原稿のようなかたちで自分のコピーが出ていった時の痛快さもまた、コピーライターとしてはたまらない快感だったりするものですよね。

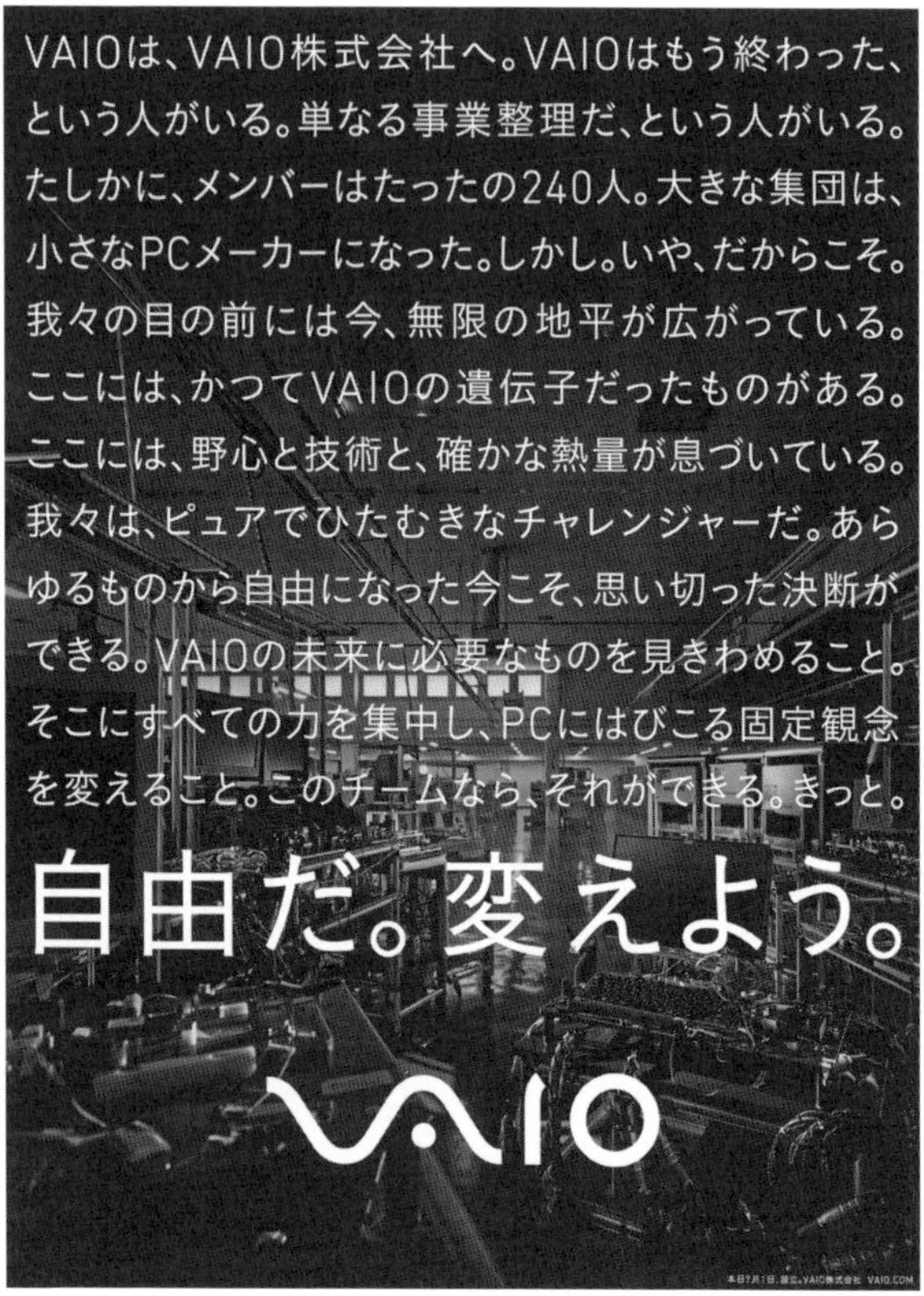

VAIO ／企業広告
新聞広告（2014年）

ソニーグループ再編の渦の中で、VAIOブランドは「独立」することになった。ニュースの論調は決して明るいものではなかったが、社員の方々は熱く、将来への展望を語ってくれた。その熱とともに、風向きを一気に変える新聞広告を目指した。

GYAO／GYAO!「無料の理由」篇
CM（2014年）

Blur「song 2」にのって人気アーティストのライブ映像、映画、アニメなどの動画が次々と映し出される。S「どうしてGYAO!は無料なの？」「それは、広告収入があるから。」「地球上すべての動画を無料にしたい！」「ちょっと、言い過ぎました。」「我々は、無料の動画ステーション」「PLAY FREE　GYAO!」

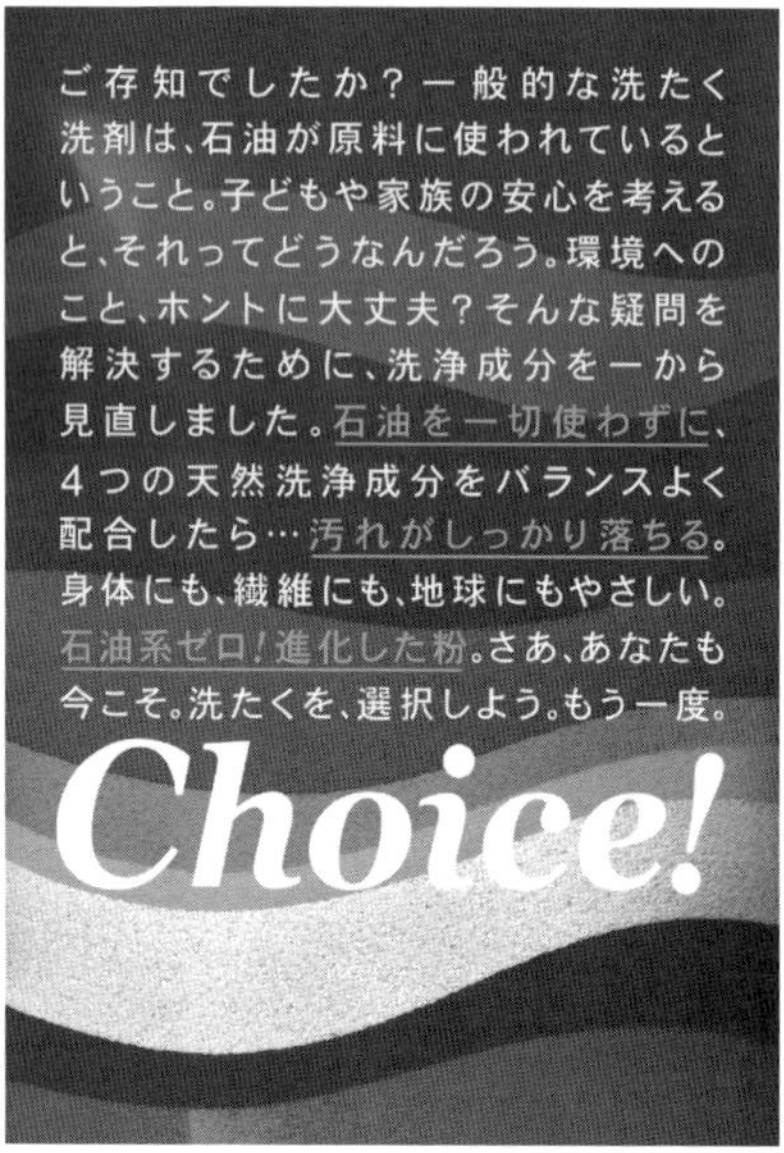

ジャパンゲートウェイ／Choice!
グラフィックとパッケージ（2014年）

石油系洗浄成分ゼロの粉洗剤。粉と聞くと、もはや時代遅れな気がした。しかし開発の方から話を伺うと、粉だからこそ服を傷めず、汚れも確実に落としきれることを知った。自分が体験したそのプロセスをそのままコピーにして、鮮やかに商品をデビューさせようと考えた。

アートディレクターと考えました。

「コピーとビジュアルの最高の関係ってどんなものですか?」

徳田祐司さん

カナリア/アートディレクター、クリエーティブ・ディレクター。電通を経て2007年にcanaria(カナリア)を設立。主な仕事に日本コカ・コーラ「い・ろ・は・す」広告とパッケージデザイン、ファンケルリブランディングトータルディレクションなど。

コピーもデザインも商品の人格をつくるもの。

コピーとビジュアルの関係について。というか、コピーライターとアートディレクターの理想的な関係について。普段からよくお仕事をするパートナー、カナリアのアートディレクター徳田祐司さんにお話を伺いました。僕の話とは逆の視点、つまりアートディレクターにとって、一緒に仕事がしたいと思えるコピーライターとは？　いろいろと、興味深い話を聞くことができました。

徳田　デザイナーにとって「コピーはこうであってほしい」というのは、じつはあまりないかもしれない。というのも、僕たちは広告でその商品やサービスの「人格」をつくっているわけですよね。消費者からどう見られてほしいか、という人格。その時コピーもデザインもそのための要素です。コピーがバリューを提案するなら前面に出して、デザインはそれをフォローする。ビジュアルがセンターに立ったほうがいい時は、コピーがそれを助ける。相互補完関係ですよね。

つまり、何をどう伝えるかによって自然と役割分担が決まっていくのが、本来のコピーとビジュアルの関係だ、と。

徳田　そう。もっと言うと、コピーライターやデザイナーである前に、まずはひとりの生活者として商品と向き合わなきゃいけない。コピーやビジュアルをどうするかを考える前に。お菓子の新商品だったら、そもそもお菓子って生きるために絶対要るわけではないよね……というところから始まって、でも必要、それはなんでだろう？　お菓子を食べる時間って日常のどんな時だろう？　どうしてひとつひとつ包装されてるんだろう……？　と、商品を通していろんな会話をする。そのうちに、商品の伝えるべきところに気づいて、コピーライターとして、デザイナーとしてそれぞれやるべきことが見えてくる。

同じ生活者として、対等な関係ですよね。「ここに画を入れるから、ハマるコピーを考えてきて！」みたいな、「枠」から考えるやり方だと、いつの間にか主従関係ができてしまうのかな……。

生活者として商品について話すとき、連想ゲームのように単に思いつきを言うのじゃなくて、対話できる素地をつくっておくことって大切ですね。だから、日頃からいろんなことを気にしながら生活しないといけない。今どんなお菓子が流行っているのか、普段からコンビニでさりげなくチェックしたり、情報を自分の中に溜めてその量をつねに測っておく。そうじゃないと、いざデザイナーから想いをぶつけられた時に何も返せなくなってしまう。

徳田　きちんと対話できる相手は、お互い無意識のうちに想いというか、案を準備してきていますよね。だから、話しながら「これとこれを組み合わせたらコンセプチュアルだね」とか「こっちだと競合商品を意識したものになるね」って、その場でポンポンとテンポ良く話が進みます。

それから、どれだけ想像力を持っているかも大切。たとえば潤平ちゃんにサッカー関連の仕事を頼んだとする。潤平ちゃんはサッカーのことを何も知らないけど、きっと何か別の経験を手がかりに、サッカーが持つドラスティックな競争の世界を話すことができる。それはやっぱり、対象に対して想像力を巡らせる力を持っているからだと思います。とくにコピーライターが扱っている「言葉」は、日本人ならみんな習うものだから、テクニックより思いの幅や想像力が大切になってきますよね。いかに自分の言葉として出せるか。

想像力といえば、僕は人の話を聞くのが好きなんです。たとえば徳田さんの日曜日の話。奥様と子どもたちが遊んでいるうちに、駅の上のカフェでコーヒーを飲みながら企画をする話とか、おうちをリフォームした時に、ルンバを格納するスペースをつくった話とか、その話をするときに「ルンバちゃん」って呼ぶこととか。みんなそれぞれ全然違う日常を送っている、その生活が垣間見えるような切れ端を集めて、そこから世の中を想像して手繰っていく感じです。

もしかしたら、若い人がコピーを書けなくて悩んでいるのは、最大公約数的な生活しか想像できていないことが原因のひとつかもしれませんね。平均的な生活をしてる人ってそうそういないのに。一見普通に見えてもじつはSMにハマっていたり（笑）、みんな必ず口にはしない絶対何かがあるわけで。そういうものの尻尾を掴むのが僕はすごく好きなんです。

徳田　断片に、人のセンスや性格、生き方が出ますからね。そこから読み取る力って大切。映画「セブン」でモーガン・フリーマン演じる老刑事が、これから着るコートの埃をひとつ、丁寧に取ってから着るというシーンがあるんですよ。そんなこと本筋には関係ないんだけど、老刑事の性格を伝えるために、きっと意図的に入れている。僕らもそんなふうに、広告を見た人がきっと気づくであろう断片を入れて、どんどん伝わるようにつくりこんだりしますしね。

広告から愛されるコピーライターになろう。

若いコピーライターからよく「せっかくいいコピー書いたのに小さくレイアウトされちゃって……」なんて話を聞きますが、商品の人格、つまり伝えるべきことが共有できていれば、コピーの見せ方で意見が食い違うことはないはずなんですよね。という僕もじつは、昔は「もうちょっと大きくできませんか」「字切り（改行）の位置が違うんじゃないですか」なんてデザイナーとやりあっていたことがありました。なんなら、それが仕事だと思っていたくらい。今考えると、なんとか自分の痕跡を残そうと思って必死だったのでしょうが、でも最近は変な言い方ですが、「悪いようにはならないだろうな」というくらいの気持ちでデザイナーに自分のコピーを託せるようになりました。

徳田　潤平ちゃんのほうもデザインを見る力があるから、ビジュアルによっては「じゃあこのコピーじゃないですね」ってすぐに切り替えますよね。それはやっぱり、最終的には言葉だけじゃなくて、伝えたいことをきちんと大切にしているからだと思う。

ところで、ちょっと聞きづらいのですが、仕事をしていて「やりづらいな」と思うのは、どんなコピーライターですか？

徳田　さきほどの話にもつながるけど、自分のコピーの見え方だけを気にしている人は、やっぱりやりづらいです。コピーやデザインはあくまでも手段で、目的は別にあるはずなのに。まあ、これはコピーライターに限りませんけど。なぜそのコピーなのか、商品に対する自分の考えがないまま持ってこられても、「じゃあ申し訳ないけど、なんでもいいから他の案もたくさん持って来て」となってしまいます。そうなるともう、コピーライターとデザイナーの関係ではなくなってしまう。

それは言葉を書く欲求が自分に向いてしまっているのかもしれない。「広告をつくっている」という意識よりも、「コピーを書いている」が先に来てしまっている人、たしかに多いですね。賞を取りたいとか、いいコピーを書いて誉められたい！　って。たしかに、それも大切だけど……。

デザイナーもクリエイティブディレクターもみんな、商品に対する何かしらの思いを持った上で、コピーライターに声を掛けてくれているはずですよね。「こういう言葉が必要だから、こいつに頼もう」って。だから僕らコピーライターは、宿命として、彼らの想定より絶対にいいものを出さなければいけない。想像通りのコピーだったら、呼ばれる意味がないわけですから。期待を心地よく裏切ってあげる、僕もそこは強烈に意識して打ち合わせに臨んでいます。

徳田　いいコピーは、僕らに違う視点を与えてくれますよ。さっきまで五面体だったものを六面体、七面体にするように。ほかの面を壊すのではなく、どんどん新しい価値や物差しを足してくれる。逆に五面体をそのままコピーにして書いてこられても、その時はうまくいったと思うかもしれないけど、世の中に出してみたときに、「あれ、この視点が足りなかった……」なんてことになりかねない。

デザイナーやほかのスタッフの案を「違います」と否定して自分の案を出すのではなく、「こういう答えの見つけ方もありますよね」という思考の「的（まと）」をつくっていく役割がコピーライターにはあると考えてます。

コピーはコピーだけで広告として納品することができない。最後はデザイナーなり演出家なりに託さなければいけませんよね。だから相手を信じたいし、そのためにも、彼らに確信を深めてもらうための的をつくらなければいけないんじゃないかと思うんです。

ちなみに僕、いつも、デザインを仕上げていくプロセスからそのデザイナーの思考回路を想像するようにしているんです。自分の書いたコピーがちゃんとデザイナーと同じ方向を見ながらビジュアルに載って、さらにジャンプさせるものになっているか。結果、イケてる広告になっているか。学生の頃から広告が好きでずっと見てきたので、そのあたりは感覚的にわかる部分があるような気がしていて。

徳田　僕らデザイナーからしたら、コピーライターは一番最初にデザインを見てもらう相手になります。その時やっぱり、生活者としてバランスの良い人であってほしいなと思う。最初はそのコピーライターひとりでも、最終的に何万、何千万という人に伝えなければいけないわけですから。もちろん、その人なりの好みや癖はあるにしろ、見た瞬間、全体を俯瞰できる力を持っていなければね。クライアントがその商品やサービスのことを一番よくわかっているのに違いはないのだけど、それを世の中に出す時には、コピーライターやデザイナーたちが世間のことを一番客観的にわかっていなければいけない。そういう人がお互いに信じられる。潤平ちゃんもそうだけど、その能力に長けている人は、言い換えれば、「広告的な人」であるんだと思います。

どういうことかというと、広告ってやっぱり「いい顔」をしてなきゃいけないと思うんですよ。誰に対しても閉ざすことなく、みんなの気持ちを感じ取ることができて、誠実で、いつも周りに人が集まってくるような顔。人気者はみんなそうで、たとえばｉＰｈｏｎｅだって、夕暮れ時の街だって、なぜだかみんなが惹かれるものはいい顔してるでしょう？　広告はそんな顔をしているべきだし、そういう広告をつくれる人はその人自身とっても広告的で、いい顔をしてる。

なるほど。コピーライターやデザイナーを目指す人は、広告的であることって大事。そのためには、最初の話に戻りますが、ひとりの人間としていろんな経験をしたり、バランス良くものを見て受け入れる力が必要なんですね。

第6章

いつでも最前線で
戦える力を備えよう。

ここまで、コピーを書くための筋力をつけるためのトレーニング方法を書いてきました。三章で、玉山さんと岩田さんもお話しされていたことですが、僕たちコピーライターにとって一番大事なのは、仕事に呼ばれること。呼ばれた仕事の中で、また次につながるパフォーマンスを発揮することです。いくら筋力を高めても、それを実戦で出し切れないことにはまったく意味がないわけですよね。

コピーライターの仕事を続けていて感じるのですが、いい仕事を安定的に続けている人には、ある共通点があるように思えます。それは、人として魅力的であるということ。

こういう仕事ですから、当然クセのある人は多い。というか、自分自身も含めて、ひとクセある人にしか出会ったことはありません。けれど、どこか魅力的だな……もっと話を聞いてみたいな……そういう人のもとへ、いい仕事がどんどん集まっていく気がしてならないんです。

広告営業と考えました。

「選ばれるコピーライターってどんな人ですか？」

戸練直木さん

カゼプロ／カゼプロ代表取締役・広告営業。1986年第一企画入社。ADKを経て2004年、風とバラッド設立に参加。06年よりカゼプロ代表。最近の主なプロデュースにIPSA、ワコール、大阪王将、2013年NHK紅白歌合戦PRなど。

オリエンのダイジェスト版コピーはいらない！

実際に現場の舵取り役として、プロジェクトそのものをプロデュースするアカウントプランナー（＝営業）の方は、どんな意図と目的でスタッフを選び、プロジェクトにアサインするのでしょうか。普段は聞きたくてもなかなか聞けないそんなことを、フリーランスになってから数々の仕事をご一緒してきた戸練直木さんに伺いました。ズバリ、どんなコピーライターと仕事をしたいと思いますか？

戸練　やっぱり、その人自身とコピーに宿る「人格」をしっかり見ますね。いくらいいコピーをつくるからといって、全部の仕事をひとりのコピーライターに頼むことはないでしょう？　我々営業は、企業や商品の人格とマッチする人格を持ったコピーライターに頼みたい。どんな性格のコピーを書くかはもちろん、仕事の進め方、クライアントの社風と合うか……いろんなことをふまえて考えます。まだ組んだことがないコピーライターをアサインする時は、どんな癖があるか、周りに徹底的に聞き込んだりしますし。逆に言えば、そこを発信できていないコピーライターは選びたくても選べない。

人格がハッキリしていないと、選択肢にも入れないわけですね。つまり、コピーのスキルと人間力、両方を併せた「コピーライターの人格」を自分で意識してつくっていかなければいけない。

戸練　自分の経験上、広告づくりはやっぱり言葉主導でいったほうがうまくいくと思ってます。広告キャンペーンは絶対にコピーライター主体であるべき。だから、どのコピーライターと組むかはすごく重要ですし、「これじゃあ、誰の心も動かないだろうな……」というコピーばかりだされると、正直辛い（笑）。言っている内容としては間違ってないいんだけどなぜかワクワクしない言葉だけが延々と出てきてしまうことってあるんです。

そういう人は、日々の生活の中でセンスを磨きされていないのかなって思う。コピーライターじゃないから詳しいことはわからないけど、言葉をつくるには、世の中をどう見ているのかが深く関わっているはずですよね。どこかに出かけるとき、つねにキョロキョロと周囲を気にしているか、ぼおっとただ歩いているか、それだけの違いかもしれない。広告営業も同じじなんだけど、その意識が足りていない人が出す案は、やっぱりどこかもの足りない。オリエンシートに書かれていたことをそのまま短くしただけのコピーというか。そんなコピーをクライアントにプレゼンしても、またオリエンしてるみたいなことになってしまう。

オリエンのダイジェスト版のようなコピーを出す人、たしかに多いです。僕自身、昔はそういう時期があったかもしれない……。それは、そのコピーライターの人格がまったくない、誰にでも書けるコピーを出しているに過ぎませんよね。そういうコピーライターと組んだ時はどう対処するんですか？

戸練　競合であればもう一チーム立てたり、緊急措置をとります。もちろん、そのコピーライターとも徹底的に話し合いますが。でも、残念だけどそれで良くなることは少ないかな。逆に、最初から面白いコピーを出す人は、何案出してもほぼ全部がいい。一発ですべてのことをすくい取るような、キャッチーなコピーを出してくれます。

名刺代わりの一本を書こう。

戸練さんは、組みたいコピーライターをどうやって探したりしますか？　自分のことを振り返ったとき、他の方からの紹介で声が掛かることが多いなと感じるんですが。

戸練　世の中に出たものを見て探すことが多いかな。だから、人からつないでもらえるのも、アウトプットでちゃんと結果を出したから、そうなっているんだと思います。そのためには、よく言われることだけど、自分の名刺代わりになるような一本を書くこと。誰もが知っている、「あのコピーを書いたコピーライターですよ」って紹介してもらえるような。

ミュージシャンで言う、代表曲のようなものですね。やっぱり「ああ、あれを書いた人」というのが明確なほうが、声を掛けやすいというのはあるかもしれない。名前はなんとなく知っているけど代表作は？　って聞かれるとわからない、漠然とした人だと、頼みづらいものですか。

戸練　やっぱり「誰もが知っている」というのは強い。いくら出稿量が多い広告のコピーでもみんなの記憶に残らなければ意味がないから、仕事の規模の大きさは関係ないと思います。とくに今はＳＮＳで波及することもありますし。地方で仕事をしているコピーライターも同じで、そのエリアですごく知られる一本を目指したらいい。で、さらに言うと、その一本を次々更新していけるようになるともっといいかもしれない。

いつか名刺代わりの一本を書けるようになるコピーライターと、いつまでたっても書けないだろうなっていうコピーライター。傍から見ていてわかるものですか？

戸練　さっきの話につながるけれど、自分のコピーが周囲にどう見られるか、どんな影響を与えるかを想像できるコピーライターはいつか書けるようになるかもしれませんね。そうじゃないコピーライターが出してくる案はだいたいピントがずれていて、なぜか誤字脱字が多かったり。言葉を扱う職業のはずなのに。

つねに戦いであることを忘れない。

コピーライターとしての成長を考えるとき、他の人のコピーに本気で嫉妬することも大切だなと思うんです。もちろん、素直に「ああ、いいなあ」と思うんですが、だからこそ同時に「今に見てろよ」とも思う。戸練さんが他のコピーライターと組んだ仕事を見て、「悔しいけどすごくいい。何で自分に頼んでくれなかったんだろう。自分だったら……」って。その気持ちが原動力になっているところがあるんです。

戸練　手放しで「カッコいいですねー!」なんて言っていたら成長しない。広告の仕事は、コピーでもデザインでも企画でも、一番にならないと世の中に出ないでしょう?プレゼンで負けて、「社内の評価は決定案の次に良かったんですけどねえ~」なんて言われても、それがどうしたという感じ。二位だって惜しくもなんともない。その厳しさに向き合わずにこの仕事に臨んでいると、成長は難しいかなと思う。

戦いの場に身を置いていることは、僕もいつも意識するようにしています。競合プレゼンには参加しないという人をたまに見かけますが、クライアントからすれば、大事な商品の行く末を託すわけだから、いろんなチームが全力を出し切ったアイデアを見たいと思うのは自然なことですよね。正当な評価をしていただける競合は、こちらとしても望むところ。そこはちゃんと戦って勝ちにいきたいと思うのが、自分のプロとしての矜持だったりします。

戸練　競合プレゼンで結果を出せることは大事なスキルですよ。ビジネスとして結果を出せる案なのか、徹底的に議論されるわけだから。

一回目で結果を出せなかったら、次にチームを組む時に呼んでもらえないということとも、コピーライターとしては意識しています。最初が肝心。それで言うと、僕は最初の打ち合わせの時、まだブレストのような段階でも必ず何かしらの案を持っていくようにしているんです。若い頃からのくせで、僕がいた博報堂はひとつの仕事に対して二、三人のコピーライターがアサインされていたんです。そこから頭ひとつ抜けだして、「あいつだけいればいい」と思われるような状態に持っていくためにやっていたこと。そこも競争だったんですよね。

選ばれ続けるコピーライターになろう。

戸練　潤平君と初めて組んだときに、ベリテのコピーで「なんでもない日を、うつくしく。」というコピーを書いてきてくれたでしょう？　次がイプサで「きれいは、ひとりにひとつ。」。もう十年近く前だけど、最初にいいコピーを書いてきてくれて、そこからコンスタントにずっと仕事ができているよね。

僕は、コピーライターは息長く頑張らないといけない職業だと思っています。よっぽど才能があれば別ですが、感性でやるような仕事ではないから。自分も成長していかなければいけないし、信頼してくれる人と長く一緒にやれるようにならないといけない。一回やって揉めて次に行ってまた揉めて……なんて焼き畑農業的にやっていたら、どんどん仕事の幅も狭まってきます。

じつはそう考えるようになったのは、三十代になってすぐの頃に、戸練さんに叱ってもらったことがきっかけとしてあったんです。ある時カフェに呼ばれて、最近僕に関してあまり良くない話を聞いたから、事実はどうあれ、良くないことなので胸に手を当てて考えてみたほうがいい、と。

言われた時は、自覚がなかったので正直なところ腹が立ったんですが、冷静に考えると、思い当たるふしもあって。自分がすこしでも好ましくない言動をとると、それはたちまち悪い方向に広がることもわかっていなかったんですね。プロのコピーライターとしての自分の「見られ方」について、意識して考えたことがなかった。そのとき、自分の考えを表現するにしてもやり方というものがあることを、強烈に自覚しました。

戸練　僕ら営業は、当たり前だけど自分の好き嫌いじゃ仕事はしない。コピーライターにしてもデザイナーにしてもプランナーにしても、その人間が今どういう状況にあるか、接した時に瞬時に判断しなければいけないから、そこはシビアに見ます。いい風向きにいるというか、やっぱりいい空気を持っている人とは一緒にやりたいなって思いますよ。そこも含めて、プロだと思うから。

できるかぎり大きなことを、できるだけわかりやすく。

最後に、僕自身のこれからについてお話ししようと思います。二〇〇〇年に博報堂へ入社して以来、気づけばコピーライターとして十五年の時間が流れていました。

自分が書きたいものと自分が書けるものが、うっすらと重なるようになってきたのは、本当にここ数年のことのような気がします。それまでの十年間は、理想と現実のギャップに絶望し、悩みながら、いろんな試行錯誤を繰り返す時間でした。本当に苦しかった。ですが、その時間がコピ筋を鍛え上げ、コピーライターとしての基礎体力を高めてくれました。

コピーを書く上での僕のテーマはこうです。

「できるかぎり大きなことを、できるだけわかりやすく書く」。

強く、シンプルに、ハッキリと。商品が語りうることを、最短距離で語っていく。その指針から生まれた言葉は、自分にとって心地よい響きを持つし、自信を持って世の中へ打ち出していける。そんな気がします。僕はこれからも、この言葉のスタンスを信じ、さらに磨きをかけていきたいと考えています。

大きな言葉をシンプルに書くためには、人の話をしっかりと聞くことがとてもとても大切です。クライアントの方が、腹の底ではどんなことを考えているか？　僕に仕事を依頼してくれた広告会社の担当者は、どんなキャンペーンを仕立てていきたいと考えているか？　それを会議室のテーブルに引っ張りだすことができるか否かで、言葉の核心への迫り方がまったく変わってきます。

だから僕は、仕事の環境づくりにもこだわりたい。プロジェクトに関わる人が、お互いに思っていることを口にできるような、そんな空気をつくることも自分の大事なミッションだと考えています。多少、語弊はあるかもしれませんが打ち合わせはショーに近い感覚。その場にいる人が、自分のコピーにワクワクしてくれるような「出し方」も意識します。そして、すべての人の話にしっかりと耳を傾ける。

周りを見ていると、オリエンシートとネットだけを情報源にコピーを書き始める人が多すぎると思います。相手の話をしっかり聞く。わからないことはわかるまで質問する。ちゃんと世の中を見る。商品の置かれている環境を自分の足で確かめる。その商品を、自分自身で使ってみる。新人の時に先輩から教わるような、基本的な行動の大切さを、年を重ねるごとに痛感します。

世の中を知り、商品を知り、自分の言葉の畑をしっかり耕しながら、言葉に対する「責任感」を上げていく。その意識で仕事に臨むうちにすこしずつ、「言葉のことは全部、潤平に任せておけば大丈夫」という空気をつくり上げることができるのだと思います。これは技術ではなくスタンスのお話なので、あなたも今日からすぐに始めることができるはず！　です。

コピーは結局、個人作業。

よく「まずは一緒にブレストしようよ」的な打ち合わせ、ありますよね。僕、あれがとにかく苦手なんです。五章でも書きましたが、言葉を生み出す作業は、基本的には個人作業であるべき。誰かと話すうちに発想がどんどん広がるという状態は、ある程度考え抜いた末に生まれる感覚だと思うんです。

コピーライターは、自分ととことん向き合うのが仕事。まずはひとりでじっくり時間を掛けて、世の中と、商品と向き合う時間は決しておろそかにしないようにしています。打ち合わせは、極端に言うと発表の場に近い感覚です。それぞれが深く考えたものをぶつけ合う。その前提があるからこそ、他のスタッフと一緒に考えることで、化学反応的にアイデアの拡散が始まるんだと思います。

かなり大げさかもしれませんが、コピーライターは孤独と戦う仕事です。自分ひとりで考え抜いて、自分ひとりで言葉に対する決断をしないといけない。その覚悟を持っているかどうかが、その人の伸びしろを決定するんじゃないか。そういう視点から見ていると、コピーライターを目指す若い人たちは、ちょっと仲間意識が強すぎる気もしています。

根本的に僕は、周りのコピーライターは全員ライバルだと思って仕事をしています。たとえ、学生時代から尊敬している大先輩であっても、競合プレゼンで相手同士になれば、そこで負けるわけにはいかない。ましてや、同世代や下の世代の人には絶対に負けたくありません。

みんなが憧れるような、大きくてメジャーな仕事を請け負っているコピーライターの椅子は本当に少ない。そこをみんなで一緒に目指そうなんて、僕はこれっぽっちも思っていません。厳しい競争に身を置く覚悟があってこそ、コピーの筋力は確実に自分の書く力を高めてくれる。それが僕の経験から生まれたスタンスです。

コピーライターの時代は、また必ずやってくる。

コピーライターの時代は、また必ずやってくる。そう強く信じて、僕は日々の仕事と向き合っています。ですが、広告が凄まじいパワーを放っていた一九八〇年代、九〇年代に比べると、今日のコピーライターの「存在感」は、著しく落ちている気がしてなりません。

誰のせいか？　いろんな理由はあるかもしれませんが、大きな理由のひとつは、僕たち若いコピーライターの力不足だと思っています。

良くも悪くも、僕より若い世代の人は本質的に真面目だと感じることが多い。与えられた課題にしっかり応えるための努力は惜しまないけれど、常識の枠からはみ出ることに対して、無意識にブレーキをかけてしまったり。それではつまらないとわかっていても、ついつい正解を求めてしまったり。

そういう時代に生まれ、育ってきたのだから、自分に刻み込まれたその思考回路をゼロから組み立て直すのは不可能かもしれません。けれど、頭の使い方を変化させることはできる。巻にあふれる情報を、効率よく取り込みやすい身体をつくる。誰でも書けることではなく、自分だからこそ見つけられる気づきや発見を言葉にする。それが、コピーの筋力トレーニングです。

僕たちの仕事は、右脳の働きによるところが大きいと言われていますよね。ところが、僕は頭の左半分にばかり白髪ができるんです。本当かどうかわかりませんが、白髪って、使っている頭の箇所にできやすいって言いませんか？　だとすると、僕はほぼ左脳ばかりを使っているということになります。これを自分なりに都合良く解釈すると、直感やひらめきに頼らず、ひとつひとつの情報を吟味して、意味を積み上げることで広告づくりに向き合っていると言えるのではないか、と考えています（かなりこじつけですが……）。

面白味のない奴だと思われるかもしれませんが、これもきっと、コピ筋を鍛えることによって培われた僕のスタイル。あなたにも、最も力を出しやすい頭の使い方が必ずあるはずです。その点を意識しているかどうかで、成長曲線の角度は大きく変わってくると思います。

猛烈に忙しい毎日の中、周りのペースに翻弄されているだけでは、ただの「コピーを出す人」で終わってしまう。毎日の仕事を通して、自分を確実に成長させるコピーの書き方ができているかどうか。翌週の自分にプラスに働くような、週末の使い方ができているかどうか。自分の生き方そのものをもう一度見つめ直しながら、コピーの筋力トレーニングのための意識を高めていきましょう。

自分の努力で身につけたコピ筋は、絶対に衰えたりしません。コピ筋は、ここぞという時に必ず僕たちを支えてくれる大切な「脳の筋肉」です。強靭なコピ筋を手に入れて、みんなに頼られ、期待されるコピーライターになれる日を目指して。僕も、もっともっとがんばります。

あなたも、がんばって！

マウリッツハイス美術館展
(2012年)
「世界で最も有名な少女が来日します。」

PSP®「プレイステーション・ポータブル」/「みんなのテニス ポータブル」(2010年)
「全員修造!」

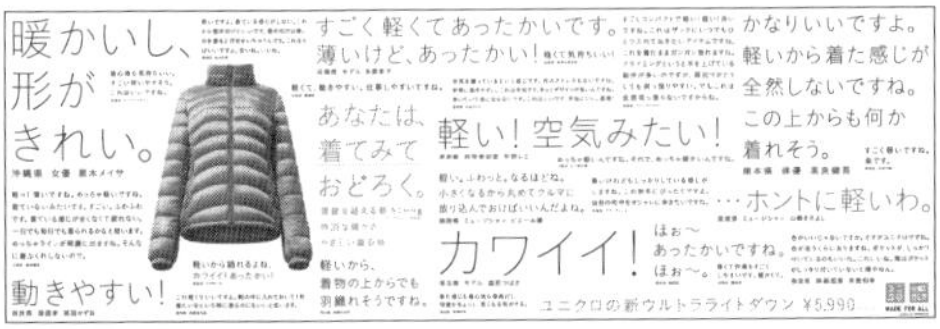

ユニクロ/ウルトラライトダウン
(2011年)
「あなたは、着てみておどろく。」

三菱地所グループ
(2010年)
「三菱地所を、見に行こう。」

吉本興業/松本人志初監督作品「大日本人」(2007年)
「松本人志、
記者会見全文。」

千葉ロッテマリーンズ/2008年シーズン開幕(2008年)
「とくに話題がない時の
ロッテは強い!」

Sony Music Japan International Inc/マイケル・ジャクソン追悼広告/紙ジャケットCD発売告知(2009年)
「マイケル、たくさんの夢を
ありがとう。」

キューンミュージック/ユニコーン再始動(2009年)
「今年は、働こう。」

渡辺潤平　わたなべじゅんぺい
コピーライター／クリエイティブディレクター
一九七七年千葉県船橋市生まれ。
早稲田大学教育学部卒業後、二〇〇〇年博報堂入社。
二〇〇六年、groundへ参加の後、二〇〇七年に
渡辺潤平社設立。www.watanabejunpei.jp

これまでの主な仕事に千葉ロッテマリーンズ「挑発ポスター」シリーズ、日経電子版「田中電子版」、進研ゼミ高校講座「攻!」キャンペーン、ユニクロボトムス「新・チノ」「新・カーゴ」、ユニクロウルトラライトダウン「あなたは、着てみておどろく。」、PSP®プレイステーション・ポータブル／みんなのテニスポータブル「全員修造!」、三菱地所グループ「三菱地所を、見に行こう。」、マウリッツハイス美術館展「世界で最も有名な少女が来日します。」ほか。カンヌ国際広告祭メディア部門ブロンズ、TCC新人賞、日経広告賞部門最優秀賞、読売広告大賞部門最優秀賞など受賞。